Marina Buzunashvilli

mit Nina Sternburg

DIE BOSSIN

Von der Hood an die Spitze des Musikbusiness

PENGUIN VERLAG

Penguin Random House Verlagsgruppe FSC® N001967

1. Auflage
Copyright © 2024 Penguin Verlag
in der Penguin Random House Verlagsgruppe GmbH,
Neumarkter Straße 28, 81673 München

Lektorat: Nina Schnackenbeck
Umschlaggestaltung: Favoritbuero, München
Umschlagfoto: © Victoria Kämpfe
Satz: GGP Media GmbH, Pößneck
Druck und Bindung: GGP Media GmbH, Pößneck
Printed in Germany
ISBN 978-3-328-60362-7
www.penguin-verlag.de

Inhalt

Für Mama, Dariusch und für Hiphop!

Lektion 1:

Never judge a book by it's cover

Ich hole tief Luft. Meine Nasenflügel weiten sich. Ich sauge den Geruch von altem Rauch, durchgesessenem, speckigem Kunstleder und etwas Muffigem ein – die Überreste von vor Tagen verschüttetem Bier? Ungewaschene Haare? Abgetragene Second-Hand-Klamotten mit einem Polyesteranteil von mindestens 90 Prozent? Ich und die Flimmerhärchen in meiner Nase können es nicht richtig ausmachen. Vielleicht ist es auch eine Mischung aus allem. Die Melange der Armut. Die Türen der U8 öffnen sich. Neue Duftnoten mischen sich zu dem Potpourri. Paco Rabannes »1 Million«, frisches Bier, Zwiebeln, Kaffeeatem, Erdbeerlipgloss, Pisse. Ich stoße die Luft mit einem Schnauben aus meiner Nase aus. Hmmmfff. Nicht wegen des Geruchs, zumindest nicht von dem hier draußen. In mir drinnen riecht es nach Wut, Frust und Pubertät – mein ganz persönliches Aroma anno 1996. Die Finger meiner Mutter umschließen die Halteschlaufe, die über unseren Köpfen baumelt, wie die Schlinge eines Galgens, und so fühlt sich diese Scheiß-U-Bahnfahrt auch an. Hmmmfff. Mama stößt ebenfalls Luft und mit ihr Frust und Wut aus ihren Nüstern. Und irgendetwas anderes katapultiert sie aus sich heraus und hinein in den Raum direkt zwischen uns, wo es unsichtbar schwebt und weitere Ziegel auf die Mauer setzt, die immer zwischen uns zu stehen scheint.

Wir drängen uns näher aneinander. Werden gedrängt – freiwillig kommen wir uns in letzter Zeit ungern so nahe. Ich verstehe nicht, warum sie überhaupt zu meinem Frauenarzttermin mitkommen will. Es ist ja nicht so, als würde ich sonst nicht auch alles allein machen. Müssen. Aber vermutlich hatte sie keinen Bock, mit Papa zu Hause zu hocken und ihn anzukeifen, weil er mal wieder tagelang verschwunden war. Mir geht's zumindest so, auch wenn es nichts Neues ist. Immer wieder ist er manchmal einfach weg – wortlos. Zischt ohne Erklärung oder Entschuldigung nach Baku ab.

»Ja, danke für's Tschüsssagen, Papa!« Das würde ich ihm gerne sagen, aber die Gelegenheit scheint sich einfach nie so richtig zu ergeben. Denn jedes Mal, wenn er zurückkommt, tut er so, als ob gar nichts passiert wäre. Sitzt wieder in seinem Sessel, guckt sich sein russisches Fernsehen an und erteilt Ansagen. Manchmal überlege ich dann, ob ich mir das vielleicht nur eingebildet habe. Vielleicht war er gar nicht weg. Oder Mama hat gelogen. Vielleicht ist er gar nicht nach Baku gefahren, sondern hat bei irgendeinem Bekannten auf der Couch die Nächte durchgewacht, weil Mama ihn rausgeschmissen hat. Oder er war in einer Spielo und hat die Zeit vergessen. Die Welt. Uns. Wer weiß das schon so genau. Jedenfalls tue ich dann auch immer lieber so, als ob nichts wäre, denn vielleicht ist es besser so.

»Hmmfff« fauchen meine Nasenlöcher erneut. Mamas Blick trifft mich wie ein Dolch. Eigentlich habe ich keinen

Bock mehr auf Diskutieren. Aber dann zischt mein Mund doch noch einen Satz hinterher wie eine Dampflok, die eine schwarze Wolke Rauch aus ihrem Schornstein stößt: »Ich wünschte, er wäre nicht mein Vater!« Meine Mutter blickt mich mit einem undurchdringlichen Blick an. Ich denke noch, dass sie es mit diesem Blick als Antwort auf meine Unverschämtheit belassen wird. Wir kennen alle diesen Blick, den Mütter dann draufhaben. Aber dann öffnet sie doch noch ihren Mund. »Na, dann wirst du dich ja freuen.« Ein freudloses Grinsen ziert ihr Gesicht. »Er ist nämlich gar nicht dein Vater.«

Das Warnlämpchen über der Automatiktür der U-Bahn färbt unsere Haarschöpfe kurz feuerfarben, und mit einem dröhnenden Sirenenton schließen sich die Pforten der U8 wieder, die soeben eine ganz neue Hölle für mich geöffnet haben.

Es gab mehrere Zäsuren in meinem Leben, die mich zu dem Menschen formten, der ich heute bin: leitende Director of Public Relations von *Sony Music Germany,* Deutschraps Promoqueen und Bossin der Szene. Marina, die keinen Nachnamen braucht, damit Leute wissen, von wem die Rede ist. Ich bin DIE Marina. Aber neben all diesen Beschreibungen und Titeln – oder besser gesagt, unter all dem, unter meiner glänzenden, diamantharten Oberfläche – bin ich auch die Marina, die vor Ängsten und Panikattacken während ihrer Karrierehöhepunkte nicht U-Bahn fahren konnte. Jahrelang. Die an den Tagen, als ihre Mutter und ihre Schwester starben, arbeiten ging, als wäre nichts geschehen. Die, noch bevor sie ihren 40. Geburtstag feierte, bereits mehrere Suizidversuche und Herzinfarkte hinter sich hatte. *It's all part of the story.* Der Marina-Story.

Von einigen dieser Zäsuren werde ich in diesem Buch erzählen. Sehr viele davon haben mit meiner Familie zu tun und damit, was bei uns in meiner Kindheit, Jugend und auch noch im Erwachsenenalter so abging. Und das war eine Menge. Viele der Lektionen, die ich im Laufe meines Lebens und meiner Karriere gelernt habe, die ich hier mit euch teilen werde, stehen in direktem oder indirektem Zusammenhang mit meinem Aufwachsen als Kind meiner Eltern und als Schwester meiner Schwester. Nicht alle, aber viele. Ausschnittweise werde ich euch immer wieder in diese Momente des Wachsens, Aufwachens und Entwachsens meines Lebens mitnehmen. Wir reisen zusammen zurück zu den Orten, Situationen und Augenblicken, in denen etwas »Klick« machte. Mal war es ein metaphorisches Klick, mal aber auch das buchstäbliche Klicken von Handschellen, Knarren oder sich schließenden Türen, die trotzdem alle zum selben Ergebnis führten: Etwas in mir veränderte sich.

Bevor ich in den folgenden Kapiteln also versuchen werde, die Ereignisse meines Lebens zu einer zusammenhängenden Handlung aufzufädeln wie Perlen auf eine Schnur, um darin einen Sinn, ein Muster auszumachen, das euch vielleicht auch helfen kann auf eurem Weg, möchte ich euch zum besseren Verständnis erst mal ein paar Grundkenntnisse über mich liefern. Denn wenn ich eine der 20 Lektionen, über die wir im Laufe dieses Buches noch reden werden, aussuchen müsste, die ich zur wichtigsten von allen erklären müsste, dann wäre das: *Never judge a book by it's cover.*

Also:

Meine Eltern waren jüdische Migranten aus der ehemaligen Sowjetunion. Meine Mama kam aus Aserbaidschan, mein Papa – also der Mann, mit dem ich als Vater aufgewachsen bin und von dem ich bis zu dieser alles verändernden U-Bahnfahrt dachte, dass er mein biologischer Vater sei – stammte aus Georgien. Mein biologischer Erzeuger, eine Affäre meiner Mutter, war Israeli, den sie kennenlernte, als sie gemeinsam mit meinem Vater und meiner älteren Schwester von Aserbaidschan nach Israel auswanderte. Mein Vater erfuhr nie etwas davon. Weder von der Affäre noch, dass ich dabei entstanden war. Es war ein Geheimnis, eine Lüge, mit der meine Mutter und nach der geschichtsträchtigen U-Bahnfahrt 1996 dann auch ich bis zu seinem Tod lebten.

Noch bevor ich geboren wurde, verließen meine Eltern Israel jedoch wieder und landeten auf der Suche nach einem besseren Leben erst mal in Wien, Österreich, wo ich 1981 geboren wurde – was übrigens ein Versehen war. Eigentlich wollten meine Eltern direkt nach Deutschland gehen. Aber da mein Vater nicht wusste, dass Österreich und Deutschland zwei verschiedene Länder waren, wurde ich eine gebürtige Österreicherin. Na ja. Lange blieben wir da eh nicht. Die rassistischen und antisemitischen Erfahrungen, die meine Eltern in Österreich durchlebten, waren so unerträglich, dass sie nach gerade einmal einem Jahr, 1982, die Zelte dort abbrachen und nach Berlin zogen, genauer gesagt, nach Kreuzberg. Ich wuchs also am Halleschen Tor auf. Migrantischer Hotspot, Sozialbausiedlungen, Ticker, Arbeiter, Hustler, Linke, Kanacks – mein Zuhause, wo ich das wunderbare und scheußliche Aroma, das einem nicht nur in der U8, sondern überall in Spätis, Kneipen, Gemeindezentren und auf öffentlichen Plätzen begegnete, zum ersten Mal in meine Lungen sog und für immer in mein Herz schloss.

Meine Eltern waren Hustler. Meine Mutter war eigentlich Übersetzerin, aber hat immer drei, vier Jobs gleichzeitig gehabt. Morgens ging sie zu AEG, um im Akkord zu arbeiten. Nicht mal eine Pullerpause hat sie gemacht. Denn je mehr man schafft bei der Akkordarbeit, desto mehr Geld bringt man nach Hause. Arzthelferin und Buchhalterin konnte sie irgendwann auch noch zu ihrem Lebenslauf hinzufügen. Abends ging sie dann noch putzen, wobei ich sie häufig begleiten musste. Neben den Arztpraxen, in denen wir oft nach Dienstschluss sauber machten, zählten auch einige Damen zu ihren Kundinnen, die sie aus der jüdischen Gemeinde kannte, die jedoch wenig mit uns verband, abgesehen vom religiösen Background, der für meine Mutter aber keine große Rolle spielte – im Gegensatz zu meinem Vater. Ihm waren unsere jüdische Identität und Traditionen sehr wichtig. Wir sollten diesen Teil von uns, der in dem neuen Land, in unserem neuen Zuhause so versteckt und selten war, nicht vergessen. Er achtete darauf, dass wir die Feiertage begingen (wenn auch auf Krampf), und er war der Einzige von uns, der regelmäßig in die Synagoge ging. Ich glaube, meine Mutter war zu gepeinigt vom Leben, um irgendwelche religiösen Gefühle empfinden zu können.

Manchmal gaben uns diese Damen aus der jüdischen Gemeinde, für die wir putzen gingen, die Reste von ihrem

Sushi mit, wenn wir damit fertig waren, ihre Toiletten zu reinigen. Ich mochte diese nett gemeinte Geste nicht. Ich fühlte mich schäbig dadurch. Es war nicht zu übersehen, dass sie sehr viel mehr Geld als wir hatten, sie lebten auch nicht in Kreuzberg, sondern in Mitte oder Grunewald. Auch hier, bei den Juden und Jüdinnen, die wir kennenlernten, waren wir mal wieder anders. Gehörten nicht so richtig dazu. Ein Gefühl, das sich durch mein Leben zieht – bis heute.

Ich habe schnell für mich festgemacht, dass ich mit der jüdischen Gemeinde, wie ich sie in Berlin kennenlernte, nicht wirklich viel gemeinsam hatte, und doch war sie fester Bestandteil meines Lebens. Ich identifizierte mich aber mehr mit meinem Kiez, Kreuzberg, und den anderen Einwandererkids dort, die genauso wenig Kohle, Perspektiven und Aufmerksamkeit bekamen wie ich. Religion wurde für mich irrelevant. Ich wurde Atheistin, und das bin ich bis heute geblieben.

Neben den mehr oder weniger offiziellen Jobs hat meine Mutter auch illegale Scheiße gemacht. Zigaretten verkauft und so was. Hauptsache war: Geld ranschaffen. Das war ihr von Kindesbeinen an eingehämmert worden und das war alles, was sie antrieb. Ich glaube, sie fühlte sich große Teile ihres Lebens unendlich allein. Sie hatte das Gefühl, sich weder auf meinen Vater verlassen zu können noch auf sonst irgendwen.

Ach ja, mein Vater: der war auch ein Hustler, nur nicht so effizient wie meine Mutter. Seine ganze Familie war nicht ganz koscher gewesen und so wusste ich nie wirklich, was er für Geschäfte machte, und ich bin mir auch nicht sicher, wie geschickt er darin tatsächlich war. Die Geschichte, wie meine Eltern damals in Israel gelandet waren, veranschaulicht das ziemlich gut. Große Teile der Familie meines Vaters waren bereits in den 70er-Jahren nach Israel ausgewandert und hatten ihm das Blaue vom Himmel versprochen. Also packte er seine kleine Familie, meine Mutter und meine Schwester, plus einen Koffer voller Geld ein und versuchte dort ebenfalls sein Glück. Den Koffer lagerte er in der Wohnung einer Tante wie ein Pirat seinen Goldschatz auf einer geheimen Insel. Und natürlich passierte, was passieren musste: Nach gerade mal ein paar Wochen am Mittelmeer wurden sie beklaut. Der Koffer war weg. Und die verheißungsvolle Aufbruchstimmung, die Hoffnung meines Vaters auf einen Neuanfang, ebenfalls. Einige Monate lang kehrte er immer wieder nach Aserbaidschan zurück, um Geschäfte zu machen, das Abenteuer Israel war jedoch ziemlich bald vorbei. Bevor sie dem Land endgültig den Rücken kehrten, entstand aber noch ich. Na ja, den Rest kennt ihr ja. Wir landeten also schlussendlich in Kreuzberg.

Die Hustler-Mentalität, die meine Eltern gemein hatten, verknüpft mit den Enttäuschungen und dem Schmerz der Armut, der Flucht und Rassismuserfahrungen, führte dazu, dass meine Grundversorgung zwar immer gesichert war, aber viele andere kindliche Bedürfnisse eher zu kurz kamen. Meine Eltern hatten einfach keine Kapazitäten dafür. Weder zeitliche noch psychische oder emotionale. Es gab in meiner Kindheit keinen »bedürfnisorientierten« Umgang – gelinde ausgedrückt. Niemand hat sich nachmittags mit mir hinsetzt, um mir bei den Hausaufgaben zu helfen. Meine Eltern haben nicht mal die Sprache gesprochen, geschweige denn die Bildung genossen, um mir dabei zu helfen. Mein Vater hatte mit 13 seinen Pass gefälscht, um von Georgien nach Aserbaidschan zu gehen, um dort zu arbeiten. Meine Mutter hat auch gearbeitet, seit sie denken kann. Kurz gesagt: In meiner Kindheit wurde ich versorgt, aber es wurde sich nicht um mich gekümmert. Alles, was darüber hinausging, dass ich Essen auf dem Tisch und Klamotten am Leib hatte, fehlte. Es gab keine emotionalen Gespräche zu Hause. Generell war Emotionalität untereinander kaum vorhanden. Mein Vater war irgendwie eine verlorene Seele, der neben seinen persönlichen Traumata mit Problemen wie Spielsucht zu kämpfen hatte. Die Ehe meiner Eltern war zerrüttet, seit ich denken kann, und das sogar, bevor er das Geld, das meine Mutter hart verdiente, verzockte. Ich hatte immer das Gefühl, meine Eltern seien nur zusammen, weil mein Vater allein überhaupt nicht lebensfähig gewesen wäre. Von einem liebevollen Miteinander kann also nicht die Rede sein.

Aber immerhin wurde ich nicht geschlagen, im Gegensatz zu meiner Schwester. Ach, meine Schwester ... Ihre Probleme kamen irgendwann noch auf diesen bereits riesigen Haufen an Problemen bei uns zu Hause obendrauf. Meine Schwester begann ziemlich früh in ihrer Jugend Scheiße zu bauen. Zuerst waren das noch Probleme wie auf der Straße rumcornern, kiffen und Leuten ihre Baby-Phat-Jacken abziehen. Meine Schwester war eine richtige Kreuzberger »Banger-Olle« der 90er-Jahre. Sie war die absolut

Coolste für mich – aber eben mit ihren ganz eigenen Problemen. Später erweiterte sich das Spektrum ihres Scheißebauens um die Einnahme immer härterer Drogen, am Ende Heroin, mit all den weiteren Schwierigkeiten, die mit dieser Sucht einhergehen: Beschaffungskriminalität, Gewalt, Prostitution, psychische Krankheiten.

20 Jahre ihres Lebens war meine Schwester heroinsüchtig. Und ihre Sucht bestimmte schnell unser aller Leben. Es geschah nicht selten, dass ihre Drogendealer plötzlich vor unserer Tür standen und mit vorgehaltener Waffe das Geld, das sie ihnen schuldete, von uns erpressten. Einmal entführte mich einer der Dealer sogar. Der Anblick meiner Mutter, wie sie am Fenster steht und nervös die Straße vor unserer Wohnung nach Blaulicht oder zwielichtigen Typen scannt, die eventuell zu uns auf dem Weg sein könnten, hat sich in meine Netzhaut gebrannt und taucht unwiderruflich auf, sobald ich an meine Jugend denke.

Jetzt ging Mamas Geld nicht nur für Papas Sucht drauf, sondern auch für die meiner Schwester. Und sobald ich Geld verdienen konnte, auch mein Geld. Selbst als ich später schon erfolgreich als Promoterin arbeitete und tausende von Euros verdiente, gab es Winter, in denen ich keine Heizung in meiner Wohnung anschaltete, weil ich kein Geld dafür hatte. Ich gab alles meiner Familie, denn meine Mutter konnte irgendwann nicht mehr und musste von mir mitversorgt werden. Der Spuk endete erst, als meine Schwester mit Anfang 40 an ihrer Drogensucht und deren Folgen starb.

Ich weiß, dass mich meine Eltern und meine Schwester geliebt haben. Trotzdem haben sie und die Gesellschaft, in der ich aufwuchs, sehr viel Schaden angerichtet. Wir sind alle das Ergebnis unserer Erziehung und Lebensumstände. Auch meine Eltern und meine Schwester. Ich nehme ihnen ihre Fehler heute nicht mehr übel. Wir waren arm, Arbeiterklasse, dazu noch Ausländer und Juden. Da kommen die Kopf- und Seelenschmerzen mit dem Stempel der Aufenthaltserlaubnis gratis dazu. Meine Schwester ist mit dem Schmerz umgegangen, indem sie ihn betäubt hat. Ich ging mit dem Schmerz meiner Kindheit um, indem ich ihn angeguckt und seziert habe, um ihn aus jedem Winkel und Schatten heraus verstehen, kontrollieren – und so eventuell auch irgendwann überwinden zu können. Analyse mit anschließender Lösungsfindung – so agiere ich bis heute. Ich hätte aber auch ganz anders aus diesen Erfahrungen herausgehen können.

Ich habe meinen Eltern und meiner Schwester verziehen. Es hat mein Leben schwerer gemacht, wie sie mich erzogen und in ihre Probleme reingezogen haben, aber ich bin auch dankbar, weil ich dadurch gelernt habe, das Steuer zu übernehmen. Als ich neun Jahre alt war, hatte meine Mutter ihren ersten Suizidversuch. Vor mir. Das war der Zeitpunkt, wo ich endgültig erwachsen wurde und begann, die Verantwortung für mein Glück komplett selbst zu übernehmen. Ich wusste, dass die Einzige, die mich retten konnte, ich selbst war. Ich träumte von einer Zukunft, die mir nicht versprochen worden war, und ich packte sie gewaltsam mit meinen Fäusten und ließ sie nie mehr los, als ich auch nur ein Fitzelchen davon zu fassen kriegte. Alles ist, wie es ist, weil alles so war, wie es war.

Wir sind alle mehr, als der erste Eindruck vermitteln mag. Ich glaube, besonders Menschen, die viel Düsternis erleben mussten, haben deswegen auch ein gesteigertes Nachsehen mit den Schattenseiten anderer. Wir kennen nicht die ganze Reise, die jemand hinter sich haben mag, also sollten wir mit unserem Urteil vorsichtig sein. Das ist, was der Spruch: »Never judge a book by it's cover« in erster Linie aussagt. Für mich bedeutet er aber auch: Lass dich nicht unterschätzen und unterschätze auch selbst keine*n andere*n, auch wenn er oder sie auf den ersten Blick nicht deinen Vorstellungen, Erwartungen oder deinem Urteil entsprechen mag. Wir wissen nie, welche Schätze unter der Oberfläche versteckt sein können und welche Geschichte uns erwartet, wenn wir erst mal die erste Seite umgeblättert haben.

Und damit sind wir schon am Ende des Einstiegs und dem Anfang vom Rest angelangt.

Lektion 2:

Erkenne den Boss in dir

Restaurantquittungen, Taxirechnungen, Bahntickets … Mit zusammengezogenen Augenbrauen scanne ich den Zettelberg auf meinem Schreibtisch, als hätten meine Augen einen Laser hinter ihrer Iris eingebaut, der die unsichtbaren Barcodes der Spesenabrechnung abtastet und notiert. Ich spüre plötzlich einen weichen Stupser an meiner Wade. Ich blicke von den Papierstreifen vor mir auf und an mir hinab und sehe gerade noch, wie eine Katze an meinem Schreibtisch vorbei in das Loch in der Wand saust, das das Büro mit der Wohnung nebenan verbindet. Ich lächele und lasse meinen Blick durch den Raum wandern. Über das Parkett entlang zum Fenster, an dessen weiß lackiertem Holzrahmen weiter hinauf zum Stuck, der die meterhohen Decken der drei Zimmer schmückt wie Buttercremeverzierungen eine Hochzeitstorte. Während ich so in meinen Prenzlauer Berg Day Dream come true versinke, beginnt das Telefon auf meinem Schreibtisch zu klingeln. Ein normales Geräusch, besonders in einem Agenturbüro. In der Welt der 20-jährigen Marina ist dieses Klingeln jedoch mehr als ein belangloses Alltagsgeräusch. Es verursacht eine Kettenreaktion. Zuerst ist da dieses innere Zucken, als würde mein Herz eine Vollbremsung einlegen. Dann kriecht langsam ein lähmendes Gefühl aus den Tiefen meines Magens immer höher gen Kehlkopf. Wie Kohlensäurebläschen, die akkurat aneinandergereiht in kleinen Säulen einen Flaschenhals emporzischeln. Mein Herz befreit sich aus der Vollbremsung und beginnt mit Kickstart von null auf hundert zu beschleunigen. Was das alles bedeutet: Ich habe panische Angst vorm Telefonieren. Aber da ich die Nummer auf dem Display als die meines Chefs erkenne, nehme ich ab. Und lasse mir natürlich nichts anmerken. »Ah, perfekt, Yousef, ich wollte dich gerade eh etwas fragen!«, fange ich mich schnell und beginne in dem Zettelhaufen vor mir zu wühlen, während ich den Hörer zwischen Kinn und Schulter klemme. »Es sieht so aus, als ob es bei der Spesenabrechnung ein paar Unstimmigkeiten bei den Restaurantquittungen gäbe. Weißt du, ob …«, doch Yousef fällt mir ins Wort. »Marina, scheiß da mal kurz drauf. Ich wollte mit dir über etwas anderes reden.« Seine Stimme hört sich ungewöhnlich dumpf an. Eher wie ein Keuchen als wie das Dröhnen, das ich sonst von ihm gewohnt bin. Er klingt, als hätte er Schmerzen. Ich lege die Quittungen langsam wieder zurück auf ihren Haufen und antworte: »Okayyyy?«

»Du machst jetzt PR«, bellt es aus dem Hörer. Daraufhin kehrt erst mal Stille in der Leitung ein. Mein Herz legt gerade nämlich eine weitere Vollbremsung hin. Ich nehme den Hörer von der Schulter und umgreife ihn wieder mit der Hand.

»Wie?«

»Ich bin krank. Blinddarm oder so. Du musst meinen Kram übernehmen.« Wieder Stille. Yousef merkt, dass es mir wohl die Sprache verschlagen hat und mein Beitrag zu diesem Gespräch eher geringfügig ausfallen wird. Er nimmt wieder den Faden auf. »Ich glaube, du bist so weit.«

»Aber ich mach doch Buchhaltung!«, bringe ich schließlich doch noch heraus. »Gut, und Marketing hier und da«, füge ich hinzu. »Und inzwischen auch ein bisschen Management. Aber …«

»Nein. Du machst jetzt PR.« In Yousefs Stimme liegt etwas Endgültiges, wenn auch nichts Unfreundliches. Er hat seine Entscheidung gefällt und damit ist die Diskussion beendet. »Nimm den Hörer in die Hand und los gehts!« Und mit diesen Worten legt mein Chef, Yousef Hammoudah, auf und lässt mich mit dem Dröhnen des Freizeichens und der inneren, noch sehr viel lauter dröhnenden Frage zurück: *Wie zur Hölle soll ich Promo machen, wenn ich Telefonangst habe? Und warum zur Hölle denkt er, dass ich das kann?*

Ein Schubser, nein, ein kompletter Roundhouse-Kick ins kalte, tiefe Wasser war das. Aber wie sich bald herausstellen sollte: Ich schwamm.

PANORAMA 3000 war die Agentur, in der ich meine ersten Schritte in Richtung Promotion ging. Ich hatte davor schon unzählige andere Jobs gehabt – Burger braten bei McDonald's, Sekretärin bei einer Versicherung, Putzen – aber der erste Step in meiner Karriere als Promoterin begann bei *PANORAMA 3000* und Yousef Hammoudah. Ich lernte ihn auf einem Event kennen und wir kamen ins Gespräch. Als er mich fragte, was ich denn so könne, antwortete ich ihm:

»Na ja, ich mache gerade auf der Abendschule mein Abi nach. Davor hab ich eine Ausbildung zur Bürofachfrau gemacht. Also, ich kann Buchhaltung.«

Aber was ich gelernt oder nicht gelernt hatte, schien ihn nicht zu interessieren. Wir sprachen über Musik, über Film, unsere Leidenschaften und das Aufwachsen mit amerikanischer Popkultur und wie sehr uns das geprägt hatte. Er lachte, hörte zu, fragte nach und machte mir schließlich am Ende des Abends ein Angebot: »Guck mal: Ich kann dir nicht viel Geld bieten, aber ich finde dich gut. Ich sehe was in dir. Also: Was würdest du gerne machen?«

Ich erinnerte mich nicht, wann mich das zuletzt jemand gefragt und aufrichtig hingehört hatte. Gute Frage … Was würde ich gerne machen? Ganz genau konnte ich das zu diesem Zeitpunkt gar nicht definieren. Was ich aber wusste, war: Ich träumte seit meiner Teenagerzeit von einer Karriere in der Musikindustrie. Und ich wusste, dass Yousef mit MC Rene, von dem ich Riesenfan war, *Marracash Music* gegründet hatte und eine eigene Agentur betrieb. Yousef könnte für mich der Schlüssel zu dieser Welt sein. Einer Welt, zu der ich mir niemals hätte vorstellen können, Zutritt zu haben. Eine Welt, in der man mich fragte, was ich gerne machen würde. Auch wenn ich die Frage noch nicht klar beantworten konnte, hatte ich doch eine Antwort für Yousef parat: »Gib mir ein Praktikum!« Eventuell würde ich im Laufe dessen eine Antwort auf die eigentliche Frage finden.

Und so landete ich bei *PANORAMA3000* und erledigte erst mal die Buchhaltung und alles, wofür ich in dem schönen Büro mit dem Katzendurchgang in der Schönhauser Allee gebraucht wurde. Am Anfang waren das vor allem

Guerilla-Marketing-Aktionen. Damals war Guerilla-Marketing der heiße Scheiß. Ich schrieb in Fan-Foren von Tokio Hotel, LaFee, Vanilla Sky und allen möglichen anderen Artists-Beiträge, um neue Singles oder auch Filme zu bewerben. »Hey, habt ihr schon *das* gehört? Checkt das mal aus!«, so in der Art.

PANORAMA3000 war eine sogenannte *New Media*-Agentur. Wir bauten Webtools, Landing Pages, solche Sachen. Für Deichkind haben wir mal eine Plattform gebaut, auf der Leute Videos einreichen konnten, aus denen dann ein Musikvideo entstehen sollte. Das Internet eben, bevor es Social Media gab. Und natürlich machten wir auch Musik- und Film-Promotion und das Artist-Management von MC Rene.

PANORAMA3000 war mein Einstieg in die Welt der Promotion – und der Musik. Aber da gab es an diesem Tag, als mich Yousef ins kalte Wasser schmiss, eben dieses eine große Problem: Zu PR gehört auch Telefonieren. Vor allem sogar. Wie sollte ich ihm erklären, dass ich nicht mit Fremden telefonieren konnte? Ich entschied mich, es erst mal gar nicht zu tun und einfach loszulegen.

Meine erste Künstlerin, deren Pressearbeit ich übernahm, war Jeanette Biedermann. Und es ist alles schiefgegangen, was schiefgehen konnte. Ich habe an einen Verteiler von 1000 Menschen aus Versehen nicht ihre Artist-Bio, sondern unser Angebot für das Plattenlabel geschickt. Ich habe Medienpartnerinnen angerufen und mitten im Gespräch aufgelegt, weil sie mir Fragen stellten, die in meinen Ohren gemein klangen. Es war eine Katastrophe. Aber Yousef faltete mich nicht zusammen, obwohl er aus meiner

Sicht ein schlimmer Choleriker sein konnte. Wenn sich jemand über mich beschwerte, stellte er sich sogar auf meine Seite. Und irgendwann dachte ich mir dann: *Scheiß drauf. DIE wissen ja nicht, dass ich nichts kann. Make Impostor Syndrome work for you! Wenn ich schon mal die Möglichkeit habe, mit Musik zu arbeiten – was ich liebe –, dann muss ich das nutzen!*

Ich habe mich richtig reingehängt und meinen inneren Boss, der mein Privatleben schon lange beherrschte, auch in meinem frischen Berufsleben rausgelassen. Yousef meinte nach ein paar Wochen zu mir: »Ich habe das noch nie zu jemandem gesagt, aber: Schmeiß dein Abi!« Zu diesem Zeitpunkt ging ich ja noch zur Abendschule. »Du hast deine Passion gefunden, steck alles da rein!« Und dann habe ich richtig Gas gegeben. Egal welcher Artist, welches Thema, welcher Film – ich nahm jeden Auftrag an, ging zu jedem Event, nervte alle so lange, bis meine Kampagne platziert wurde. Meine Telefonangst wurde schwächer als mein Wille, es allen zeigen zu wollen. Und so legte ich sie Stück für Stück ab. Sie hatte einfach keinen Platz mehr. Ich wurde zu einem Tasmanischen Teufel, der alles wegfegte, was sich ihm in den Weg stellte. Ich begann, Selbstbewusstsein zu entwickeln in dem, was ich machte. Yousef bemerkte das auch und unterbreitete mir in einem weiteren geschichtsträchtigen Telefonat einige Monate später eine Neuigkeit, die mein berufliches Leben für immer verändern würde.

»Marina, wie findest du denn Azad?« Beim letzten Wort ging Yousefs Stimme gekünstelt einige Oktaven nach oben. Ich konnte sein Grinsen quasi durch den Telefonhörer sehen. Ich brüllte direkt zurück: »Verarschst du mich?« Yousef lachte. »Ja ey, *Universal* hat uns angefragt für seine Promo. Du arbeitest jetzt für Azad.«

So kam ich zu meinem ersten PR-Job im Rap. Der Anfang einer großen Liebe und der längsten Beziehung, die ich bisher in meinem Leben geführt habe. Ich habe Deutschrap abgöttisch geliebt – klar, ich kam aus Kreuzberg! Das war unsere Kultur, das waren unsere Geschichten, unser Schmerz, um den es da in der Musik ging. Auch wenn ich in meiner Jugend ein Hardcore Boyband-Fan war (zu diesem Kapitel kommen wir später noch), war Rap schnell Teil meiner Seele, meines Selbstverständnisses geworden, als ich aufwuchs. Die Musik von Kool Savas, Azad, Sido berührte Seiten in mir, die zuvor niemals die Sonne gesehen hatten. Sie verliehen meiner Wut eine Sprache, gaben meinem inneren Kämpfen eine Arena, spendeten Trost in der Trauer, die ich niemals zeigen wollte.

In Kreuzberg kam man damals in den 90er-Jahren nicht um Deutschrap herum. Dennoch hatte ich erst mal Angst davor, mit Rappern zu arbeiten. Nicht, weil ich vor *ihnen* Angst gehabt hätte! Wer mit sieben Jahren vom SEK von zu Hause abgeholt worden ist, dem machen ein paar breite Typen mit Tattoos keine Angst. Es war eher die Sorge, dass sich die Volksweisheit bewahrheiten könnte: »*Never meet your idols*«.

Ich war mega-schüchtern als junge Frau. Manchmal bin ich damals in Clubs wie das H2O oder Kurvenstar gegangen, das wir »K-Star« nannten, wo oft auch Rapper abhingen. Wenn ich dort dann jemanden wie Kool Savas an der Theke spottete, war ich einfach nur froh, dieselbe Luft atmen zu dürfen. Ich hätte keinen Ton zu den Rappern sagen können. Und jetzt sollte ich plötzlich in dieses Genre eintauchen? Mit diesen Leuten arbeiten, vor denen ich solchen Respekt hatte? Ich hatte eine Heidenangst davor.

Aber mal wieder wurde ich einfach ins kalte Wasser gestoßen – und ich schwamm.

Auf Azad folgte Bushido und auf Bushido immer mehr Artists, mit denen ich mich bis vor Kurzem niemals getraut hätte, auch nur an einem Tisch zu sitzen. Prinz Pi, Sido, Haftbefehl, XATAR ... Der Boss in mir wuchs und wuchs mit jeder Begegnung. Ich werde diese ersten Male nie vergessen. Das erste Mal XATAR treffen, Hafti, Farid Bang ... Und wie sie auf mich reagierten, wenn sie MICH das erste Mal trafen. Die Überraschung in ihren Blicken. »DU machst jetzt meine Promo?« *Äh, ja? Ich mach das jetzt.* Sie erwarteten wohl keine 1,50 Meter kleine Frau im Jogginganzug und mit zu dünn gezupften Augenbrauen als ihre PR-Vertreterin. Aber ich liebte es, wie sich die skeptischen Blicke innerhalb von einigen Stunden in anerkennende verwandelten. Dann hieß es plötzlich: »Ey, sie ist der Boss, sie regelt.« Wenn mal neue Leute dazukamen, die frech zu mir wurden – was selten passierte –, haben die großen, starken Männer nicht gesagt: »Ey, sei nicht frech zu ihr, sonst klatsch ich dir eine«, sondern: »Sei nicht frech zu ihr, denn die frisst dich auf!«

Ich glaube, es spielten mehrere Faktoren eine Rolle, warum ich so schnell von den Rappern akzeptiert wurde, trotz meiner Andersartigkeit, auf die ich später noch mal zurückkommen werde. Aber vor allem war es der Boss in mir, der mir diese Türen öffnete und mir einen Platz am Tisch sicherte. Ich war wie sie. Sie erkannten sich in mir, obwohl wir kaum unterschiedlicher hätten aussehen und anmuten können. Es lag ein unausgesprochenes Verständnis zwischen uns in der Luft, das mehr sagte als tausend Worte.

Wenn ich vom »Boss« im mir spreche, dann meine ich, dass ich begann, eine Persönlichkeit nach außen zu kehren, die kompromisslos Raum einnahm und alles, was in diesem Raum verfügbar war: Ressourcen, Macht, Aufmerksamkeit, Geld. Dieser Boss macht das laut, direkt heraus und manchmal ohne Rücksicht auf Verluste. Im Laufe meiner Karriere wurde ich immer wieder mit einem Pit Bull verglichen. Ich war zwar nur 1,50 Meter groß, aber ich hatte die Klappe und die Attitude eines 2-Meter-Hayvans und ließ mir gar nichts sagen. Und so musste ich auch sein. Die kleine Marina, die verschüchtert in der Ecke steht und wartet, bis sie eingeladen wird, würde heute vermutlich immer noch dort herumstehen. Es war nicht die Zeit für Zurückhaltung, erst recht nicht als Frau in diesem Game. Wenn ich hier etwas reißen wollte, dann musste ich dafür sorgen, dass ich unübersehbar und unverzichtbar wurde. Und dafür brauchte ich den Boss in mir.

Mein Selbstbewusstsein, das ich mir im Umgang mit Rappern immer mehr aufzubauen begann, nährte sich aus drei Töpfen. Erstens: dem Vertrauen, das mein Chef in mich hatte. Das kannte ich bisher nicht. Jemand, der etwas in mir sah und förderte. Ich werde ihm für immer dankbar sein. Grund zwei: Alle waren so nett. Dass Azad einer der ersten Rapper war, mit denen ich arbeiten durfte, war wichtig, denn er ist einer der höflichsten Menschen der Welt. Mirko, der damalige Manager von Bushido, ebenso. Und dann kam ein Künstlercamp, das mir vollends das Gefühl gab, hierherzugehören: das Sido-Camp. Dieses Urvertrauen, das mir damals von Aggro Berlin entgegengebracht wurde, war unmatched. Ich glaube, wir haben damals 95 Prozent meiner Ideen umgesetzt.

Allein mit Kaete Ewert-Hessel, der Managerin von Sido, arbeiten zu dürfen, die ein Idol für mich war, war unbeschreiblich. Denn neben Kaete gab es praktisch keine andere Frau in dieser Szene. Zu sehen, wie sie sich behauptete und ihren Job meisterte, respektiert von allen, inspirierte mich. Dieses Camp gab mir das Gefühl: Irgendwas mache ich richtig. Ich wurde ernst genommen. Sie haben es mir leicht gemacht.

Ich fühlte mich also schnell wohl in der Deutschrap-Szene, weil ich das Gefühl hatte, dazuzugehören – und das war ein Gefühl, das ich so gut wie noch nirgendwo sonst empfunden hatte. Nicht in der Schule, nicht bei den Bekannten und Freunden meiner Eltern und ganz sicher nicht bei irgendwelchen Vorstellungsgesprächen und Jobs, in denen mein Lebenslauf gescannt wurde, als wäre er mit Hundescheiße eingerieben und man nicht mal versuchte, meinen Nachnamen richtig auszusprechen.

Dass ich mich im Rap zugehörig fühlte, dazu trug Grund drei noch bei: Wir alle durften nicht an gewissen Tischen sitzen. Deutschrap war damals, in den 90er-Jahren, eine Subkultur, auf die die breite Masse mit einem sehr skeptischen Auge herabblickte. Promo für Rap-Themen zu machen, bedeutete damals meist: Absagen, Kopfschütteln und verschlossene Türen. Rapper, das waren die Schmuddelkinder, mit denen *Der Spiegel* oder *Die Zeit* nichts zu tun haben wollten, und dasselbe galt für mich. Aber daraus wuchs ein Zusammengehörigkeitsgefühl, das den Boss in mir noch stärker werden ließ. Deutschrap weckte irgendwie meinen Beschützerinstinkt. »Was?! *Der Spiegel* sagt, sie sehen uns nicht?!«, »Was?! Der *Stern* hat kein Interesse?« Ich bin wütend geworden. Und diese Wut beflügelte mich. Mir war klar: Ich mache hier jetzt keinen auf Klinkenputzen. Ich werde proaktiv das Mindset der Leute verändern und zeigen, was Phase ist. Dass Rap seine Daseinsberechtigung hat. Dass Rap mehr ist, als sie zugeben möchten. Dass ich es schaffen kann, Rap dorthin zu bringen, wo er hingehört. Wir alle zusammen. An die Spitze.

Immer mehr Rap-Acts kamen in mein Raster und eh ich mich versah, war ich eine Expertin auf einem Gebiet. Die Begriffe »Marina«, »Deutschrap« und »Promotion« begannen langsam zu einer Wortfamilie zu verschmelzen, die untrennbar miteinander verbunden war. Das hatte ich eigentlich gar nicht vorgehabt. Ich betreute ja auch nach wie vor Film-Projekte und Acts außerhalb von Rap bei *PANORAMA3000*. Aber dieser Zusammenschluss, dieses »Wir hier gegen die da« verlieh mir ein Gefühl von Familie, von Erfüllung. Empowerment. Ich kann etwas verändern!

Hier kommt also meine zweite wichtige Lektion: Erkenne den Boss in dir und nutze alles, um ihn zu füttern. Es ist wichtig, irgendwo einen Boss in sich zu haben, der die Führung übernehmen und sich einsetzen kann – für dich selbst, aber auch für andere. Nicht nur im Beruf. Es ist die Schutzhülle, die dafür sorgt, dass nicht jede*r einfach kommen und dir in die Fresse hauen kann.

Man muss den Boss in sich auch pflegen. Hiphop war ein gutes Umfeld dafür, denn »Boss sein«, eine Attitüde à la »Ich bin krass und du bist whack«, Brust raus, Kinn hoch – das ist eine Haltung, die im Hiphop gewürdigt und geschätzt wird. Das hat auch seine Gründe. Hiphop ist eine Kultur der Underdogs, eine Bewegung von unten nach oben. Struggle und Selbstermächtigung sind wichtige Motive und unverzichtbare Teile seiner Erfolgsgeschichte. Im Hiphop darf man laut sein, Raum einnehmen, man muss sogar! Und wenn man im Gegenüber ebenfalls einen Boss erkennt, der genauso so laut und unnachgiebig mit Zähnen und Klauen nach dem Preis greift, dann gibt man sich auch Props dafür. Es entsteht eine Verbindung, wenn man den Boss in einem anderen erkennt. Das ist eine schöne Sache im Hiphop, die oft übersehen wird. Wann hat denn mal eine Helene Fischer den Hörer in die Hand genommen, eine Vanessa Mai angerufen und gesagt: »Ey, Bossmove, ich feier's!«? Im Hiphop lernt man, die Vorbilder zu würdigen und ihnen ihr Hak zu geben. Boss sein heißt auch Props geben. Man supported mit Herz.

Ich will aber nicht lügen: Es fiel mir im Laufe meiner Karriere schwer, eine gesunde Balance zwischen meinem inneren Boss und der kleinen Marina zu finden. Was mich am Anfang beflügelte, machte mich mit der Zeit hart, kalt und stumpf, weil ich nur noch den Boss in mir fütterte. Es wurden Worte über mich gesagt, die irgendwann keine Komplimente mehr waren. »Das ist ne harte Bitch« oder »Die hat keine Gefühle, die ist krass« oder eben »Die ist ein Pit Bull«. Am Anfang mochte ich es sogar noch, so wahrgenommen zu werden. Ja, die sollten ruhig Angst vor mir haben! Angst ist nicht schlecht – dachte ich. Es ging so weit, dass ich Sätze von mir gab wie, »Wer Schwäche zeigt, wird erschossen« oder »Wer heult, fliegt raus«. Ich schäme mich heute für solche Aussagen von mir. Denn wo war da meine Menschlichkeit?

Es gab Artists, die mich irgendwann gefragt haben, wie mein Mann es mit mir aushalte. Mir wurde meine Weiblichkeit abgesprochen. Das hat mich getroffen. Erst mit der Zeit begann ich zu verstehen, dass der Boss in mir zwar mein Leben gerettet hat, aber dass er jetzt auch dabei war, Teile davon zu zerstören. Denn die kleine Marina, die gab es natürlich die ganze Zeit auch noch neben dem Boss. Sie ist der Grund, dass ich den Boss in mir überhaupt in der Form erschaffen musste, wie ich es getan habe. Wenn die Leute mich als kalte Bitch und Kampfhund bezeichneten (was, wie gesagt, auch von Vorteil sein kann und damals in der Deutschrap-Szene notwendig war), zeigte mir das, dass sie keine Ahnung hatten, wer ich war. Und ich war selbst schuld daran.

Teil dieses Boss-Kapitels ist also auch, euch zu erzählen, wie es dazu gekommen ist, dass der Boss in mir geboren wurde. Ich erinnere mich nämlich genau an den Moment. Der Moment, der mich zur kalten Bitch machte, die mir so viel ermöglichen, aber auch so viel von mir zerstören sollte.

Unser Wohnzimmer, 1990. Ich beobachte die Szenerie vor meinen Augen mit einer gespenstischen Ruhe. Wie die

Venen am Hals meiner Mutter dick und wulstig hervortreten, als würden sich durstige Regenwürmer darin ihren Weg zur Oberfläche bahnen. Wie ihr Gesicht sich von Dunkelrot immer mehr ins Bläuliche verfärbt, anschwillt. Ein Luftballon, der kurz vorm Platzen ist, obwohl meiner Mutter ja eher die Luft ausgeht und sie nicht damit vollgepumpt wird. Ich lege meinen Kopf schief und versuche, mir jedes Detail einzuprägen. Die Schreie meiner Schwester, während sie am Gürtel, der um den Hals meiner Mutter gewickelt ist, rumzerrt; der Körper meiner Mutter, der irgendwann von Ohnmacht ergriffen auf dem Boden zusammensackt. Da werde ich plötzlich zur Seite gestoßen. Mein Onkel stürmt in den Raum, wirft meine Mutter über seine Schulter und trägt sie zum Bett. Er wirft den Gürtel weg.

Es war mal wieder ein Streit zwischen meiner Mutter und meiner Schwester ausgebrochen. Es war mal wieder um Drogen gegangen. Es war mal wieder das Gleiche wie immer. Meine Schwester schrie und tobte, weil meine Mutter ihr kein Geld mehr geben wollte. Daraufhin schrie und tobte meine Mutter, irgendetwas ging zu Bruch, bis meine Mutter doch einknickte und meiner Schwester Geld gab, einfach, damit Ruhe war. Und damit meine Schwester sich nicht prostituieren ging. Damit drohte sie gerne.

Ich glaube, meine Mutter wollte eigentlich nur demonstrieren, wie sehr sie unter den Forderungen meiner Schwester nach mehr Geld litt, als sie beschloss, sich mit dem Gürtel zu strangulieren. An Selbstmorddrohungen war man in diesem Haushalt gewöhnt. Ich weiß gar nicht mehr, wie oft meine Schwester und meine Mutter schon herumgeschrien hatten, dass man sie nun so weit gebracht hätte und sie alles beenden würden. Manchmal schmiss meine Mutter dann die Tür hinter sich zu und blieb stundenlang verschwunden. Und ich wartete zu Hause, in der Einsamkeit meiner Ängste und der Hoffnung, sie möge auch dieses Mal wieder zurückkommen. Bisher hatte sie es am Ende ja doch immer getan. Aber was, wenn nicht ...? Was, wenn es diesmal anders war ...?

Morddrohungen gab es bei uns zu Hause nicht nur gegen sich selbst, sondern auch gegen andere. Ich erinnere mich noch, wie mich meine Mutter einmal nach der Schule – ich muss so sechs oder sieben Jahre alt gewesen sein – auf einen Stuhl gesetzt und mir mit ernster Miene, ganz ruhig, zu erklären begonnen hat, dass sie meinen Vater umbringen lassen würde. Weil sie sonst nie frei sein könne. Sie erklärte es mir, als würde sie mit mir einen Einkaufszettel durchgehen, damit ich nicht das falsche Mehl einpackte. Ich sollte verstehen.

Zu dem Zeitpunkt waren meine Eltern bereits geschieden, aber sie lebten nach wie vor zusammen. Bis zum Tod meines Vaters blieb das so. Ich weiß nicht, was genau an diesem Tag vorgefallen war, aber es muss schlimm gewesen sein. Denn später am selben Tag setzte sich auch mein Vater zu mir und weihte mich in ganz ähnliche Pläne seinerseits ein: »Ich werde deine Mutter umbringen lassen.« Ich war komplett verängstigt. Damals glaubte ich allen noch ihre Drohungen. Sie waren die Erwachsenen, ich das Kind. Natürlich glaubte ich ihnen und hatte Angst um sie. Manchmal wusste ich nicht, ob einer von beiden wieder nach Hause kommen würde, wenn die Tür hinter ihnen zufiel.

Mein Vater verschwand ja immer wieder tagelang, ohne Bescheid zu sagen, und wenn meine Mutter nach draußen stürmte, weil meine Schwester sie mal wieder an den Rand der Verzweiflung und einige Zentimeter darüber hinaus gebracht hatte, wartete ich stundenlang am Fenster, um zu sehen, ob sie wieder nach Hause kommen würde. Eigentlich befand ich mich als Kind in konstanter Anspannung.

Aber dieses Mal, als meine Mutter wirklich den Gürtel nahm und sich damit zu ersticken begann, war es anders. Diesmal passierte es wirklich. Und aus irgendeinem Grund legte sich eine Ruhe über mich wie frisch gefallener Schnee. Als mein Onkel sie wieder zu Bewusstsein geschüttelt hatte, hörte ich noch, wie er zu ihr sagte: »Wie kannst du das tun, während Marina im Haus ist?« Ich weiß noch, wie mich das zum Stutzen brachte. Selbstmorddrohungen kannte ich doch von ihr. Das war ihr Ding. Warum war er so aufgebracht, dass ich im Haus war? Das war doch immer so! Aber für meinen Onkel war das neu. Vielleicht begriff ich erst da so richtig, dass das nicht normal war.

Ich habe die ganze Szenerie regelrecht aufgesaugt, den Schock auf seinem Gesicht, den Schweiß auf seiner Stirn, das Entsetzen in seinen Augen. All das, woran ich längst gewöhnt war. Während ich das alles in mir aufnahm und in meinem Herzen bewegte, blieb eine Frage in meinem Kopf hängen: *Was wäre, wenn sie es wirklich geschafft hätte? Wer kümmert sich dann um mich?* Aber es war nicht mehr das verzweifelte Fragen eines Kindes. Es war das nüchterne Auseinandersetzen mit einer Realität, der ich mich nicht länger ausgeliefert fühlen wollte. Machtlos. Klein. Denn die Antwort auf die Frage rastete in meinem Kopf ein wie die

Kugel im Lauf eines Revolvers: niemand. Ich bin auf mich allein gestellt.

Es war der Moment, in dem ich erwachsen wurde. Ich war neun Jahre alt und ich wusste: *Ich muss diese Scheiße hier übernehmen. Denn hier ist niemand, der sich wie ein Erwachsener verhält. Der Verantwortung übernimmt.* Ich identifizierte die Probleme, die vorherrschten: Ok, Drogen. Ok, Geld für Drogen. Alles klar. *Wie löse ich diese Probleme?* Ich musste so schnell es geht Geld verdienen und vor allem, ganz weit weg von denen hier kommen. *Got it.* Was noch? Die waren alle verrückt. Also musste ich diejenige sein, die einen klaren Kopf behielt. Und so begann ich im Laufe meiner Kindheit die Rolle der Vernünftigen, die die Kontrolle behält und auf alle aufpasst, zu übernehmen. Ich wurde zum Boss, der den Bullshit der anderen austariert und für ein gewisses Maß an Stabilität sorgt. Meine Mama war bis zu diesem Moment meine Heldin gewesen. Eine Löwin, die Mutter- und Vaterrolle zugleich übernommen hatte. Sie kümmerte sich immer um alles: unsere finanzielle Versorgung, Essen, Haushalt und dass wir hier und da auch schöne Momente erleben konnten. Manchmal nahm sie mich am Wochenende mit ins Kino. Da schleppte sie dann einen Stapel Telefonbücher für mich mit, weil ich so klein war und in den riesigen Kinosesseln versank wie ein Marshmallow im Kakao. Auf dem Stapel thronte ich dann stolz und konnte mich nicht nur buchstäblich, sondern auch metaphorisch für 90 Minuten größer fühlen als ich war. Manchmal gingen wir auch Eis essen oder bei C&A shoppen. Kleine Sachen, die den Schraubstock des Alltags, der uns eigentlich immer fest umschlossen hielt, für ein paar Stunden ein wenig lockerten.

Meine Mutter war ein Boss. Bis sich an diesem Tag das Blatt wendete. An diesem Nachmittag tauschten wir die Rollen. Ich wurde mit neun Jahren erwachsen und meine Mutter wurde zu meiner Aufgabe. Die ehemals starke, stolze Frau war nun schwach, krank, verletzt. Es lag an mir, mich um sie zu kümmern. Das Kind wurde zur Mutter und die Mutter zum Kind. Und ich zum Boss, der keine Gefühle, keine Schwäche, kein Nein kennt.

Sobald ich alt genug war, fing ich an, Geld zu verdienen, um meine Mutter zu unterstützen. Und als ich begann, in der Promotion Fuß zu fassen und zu begreifen, wie viel Geld man in dieser Branche verdienen konnte, wurde mir klar: *Ich muss kündigen und mein eigenes Ding machen.* Selbstständigkeit war mir wichtig, weil ich so viel Geld brauchte, wie ich nur verdienen konnte. Als Selbstständige konnte ich 80 Stunden die Woche arbeiten – das ging festangestellt nicht. Also packte ich meine beste Freundin Conny, die ich bei *PANORAMA3000* kennen- und lieben gelernt hatte, ein und machte meine eigene Firma *Musicism & Cinelove* auf. Mit null Euro in der Tasche. Ich habe nicht mal Gründungshilfe vom Arbeitsamt bekommen. Meine Chefs waren auch nicht gerade begeistert, dass ich gehen wollte. Die Geschäftspartner von Yousef wollten sogar, dass ich ihnen eine Ablöse bezahle – schließlich würde ihnen mit dem Wegfall meiner Arbeitskraft ja Geld flöten gehen. Ich sollte quasi meine eigene Mitgift bezahlen? Ganz sicher nicht!

Es kam zum Streit. Ich wollte nie wieder, dass sich ein Mann seine Taschen vollmacht mit meinem Können. Ich hatte die Buchhaltung bei *PANORAMA3000* gemacht und wusste ganz genau, was die mit meinen Kampagnen verdient hatten und wie viel davon bei mir gelandet war. Ein praktisches Wissen, das mich beflügelte und darin bestärkte, mein eigenes Ding zu machen. Ich war dankbar für alles, was ich gelernt hatte bei PANORAMA3000. Für die Chancen, die mir Yousef gegeben hatte. Aber Fakt war auch, dass ich mich hier und da unterbezahlt und ausgebeutet gefühlt habe. Ich musste gehen.

Wenn ich das so erzähle, hört es sich ziemlich risky an: keine wirkliche Ausbildung, nicht mal Abi und dann mit keiner Kohle und der Verantwortung einer komplett dysfunktionalen Familie im Nacken eine eigene Firma gründen und die beste Freundin noch gleich mit reinziehen? Aber für mich war Geld mein absoluter Antreiber und der Boss in mir dermaßen fokussiert darauf, dass mir alles andere egal war. Ich wollte auf meinem Konto das sehen, wofür ich mir den Arsch aufreiße! Ich wusste auch, was die Schattenseiten davon sein würden. Ich habe nie Urlaub gemacht zum Beispiel. Nie. Krankmelden? Pfff! Ich musste schon im Krankenhaus liegen, damit ich nicht arbeitete. Aber das war es mir wert. Ich konnte meine Familie unterstützen, und wenn meine Schwester Geld brauchte, um ihren Dealer zu bezahlen, dann konnte ich meiner Mutter diese Bürde abnehmen.

Das Leben als Selbstständige hatte noch weitere Vorteile für mich. Es gab im Prinzip nur eine Regel: Aufstehen und arbeiten gehen. Und da ich eine krasse Disziplin hatte und habe bis heute, fiel mir das auch nicht schwer. Ansonsten gab es keine Regeln. Was ich anziehe, wann ich esse, wann ich was wie erledige, reporte – das lag alles bei mir. Ich konnte selbst entscheiden. Das war mir sehr wichtig. Denn auch wenn ich meine Telefonangst besiegt hatte, kämpfte ich dennoch mit einigen anderen sozialen Ängsten und Depressionen, die der Boss in mir aber gut zu kaschieren wusste. Soziale Situationen bedeuteten ungeheuer viel Stress für mich. Es fiel mir schwer, Hierarchien zu akzeptieren. In meiner eigenen Firma konnte ich mich mit Conny verkriechen, Kekse essen und 16 Stunden am Tag arbeiten, ohne belästigt zu werden.

Aber ich habe nicht gemerkt, wie viel ich arbeitete. Wie krank ich war und wurde. Wie scheiße es mir ging. Ich wurde immer härter, immer verbissener – denn ich trug scheißviel Verantwortung, und wirklich genießen konnte ich die Früchte meiner Arbeit auch nicht. Es klingt absurd, aber ich hatte zu der Zeit, als ich meine erste eigene Firma gründete, nicht mal eine eigene Bankkarte. Die hatte meine Mutter, bei der ich nach wie vor wohnte. Alle drei Tage stand ein Dealer mit einer Knarre vor unserer Tür, weil er nicht bezahlt worden war. Meine Mutter und Schwester fälschten meine Unterschrift, und plötzlich hatte ich mehrere Kredite auf meinen Namen laufen. Die Schulden, die sich in dieser Zeit anhäuften, musste ich noch Jahre später abstottern. Dass ich Geld in Mengen ranschaffte, wurde zu einer Selbstverständlichkeit und Notwendigkeit. Ich hatte nie den Luxus zu sagen: »Die nächsten drei Monate mach ich mal ein bisschen langsamer.«

Das Leben, das ich nach außen hin führte, und mein Leben in der Realität waren zwei komplett verschiedene Systeme. Und es war meinem inneren Boss zu verdanken, dass ich beides zu jonglieren lernte. Aber ich zahlte einen hohen Preis dafür. Ich merkte gar nicht, wie der Boss alle anderen

Facetten meiner Persönlichkeit zu verdrängen begann. Wie aggressiv ich wurde. Wenn meine Mutter mich nett fragte, wann ich denn nach Hause kommen würde, fuhr ich sie an: »ICH WEISS ES NICHT, ICH MUSS ARBEITEN! Ihr wollt ja alle Geld!«

So wichtig es auch ist, den inneren Boss in sich zu entdecken, ihn zu nähren und zu fördern, weil er dich beschützt, ist es ebenso wichtig, nicht zu vergessen, wer man daneben noch ist. Und so kommen wir zu Lektion Nummer drei.

Lektion 3:

Schwäche gedeiht im Schatten

Ich schmeiße meinen Schlüsselbund in die Schale. Was ein Tag! Um zehn Uhr ging's los, Interview bei Rap.de, dann zu Radio Fritz, dann TV Straßensound … Eigentlich liebe ich so volle Promotage, irgendwie. Auf Druck funktioniere ich einfach. Ich habe alles unter Kontrolle. »Letzte Frage, in zehn Minuten müssen wir unten stehen!«, Taxi rufen, Telefon immer im Anschlag, zwischendrin Mails schreiben, aufblicken, abnicken, abwinken, Tür auf, Tür zu, ins Hotel, Lobby, Interviewraum scannen, nächsten Stop schon im Kalender angepeilt … Ich rausche durch Promotage wie ein tänzelndes Stück Treibholz auf der Gischt eines reißenden Flusses, an dem sich jede*r festklammern kann, um sicher ans Ufer zu kommen. Geschmeidig, wendig, zuverlässig. Ich meistere solche Situationen. Und gerade jetzt kann ich diesen Stress gut gebrauchen. Er lenkt mich ab.

Ich kicke meine Sneakers von den Füßen und schmeiße mich auf meine Couch. Ruhe. Zum ersten Mal heute. Ich höre meinen Atem. Aus und ein. Aus und ein. Je mehr ich mich auf meinen Atem konzentriere und die nachhallenden Geräusche des Tages verstummen, umso unwohler wird mir, denn eigentlich habe ich gar keine Zeit zu chillen. Mein Atem kommt mir plötzlich unwahrscheinlich laut vor. Ein Dröhnen, das meinen Lungen entfährt. Ein Leck mitten in meiner Brust, aus dem die lebenswichtige Luft rausströmt wie heißer Sand aus einer kaputten Sanduhr. Ich verrinne.

Da durchbricht das Klingeln meines Handys die Stille. »Irina! Ich bin gerade nach Hause gekommen, aber ich mach mich gleich los zu dir!« Da ist sie wieder: Die Marina, die direkt funktioniert. Zusammenreißen, aufraffen, aufstehen, strammstehen. Marschiere, kleine Soldatin. Egal wie sehr deine Füße schon bluten.

Die Stimme meiner Schwester am anderen Ende der Leitung klingt sanft. »Schatz, du hast so viel gearbeitet. Du bist sicher müde. Komm doch einfach morgen.« Sie hat recht. Ich bin müde. Ich bin so unendlich müde und der Gedanke, jetzt noch ins Hospiz fahren zu müssen, um meine todkranke Schwester zu besuchen, lässt den Sand noch schneller aus den Löchern meiner Ängste rinnen.

Morgen sieht genauso aus wie heute. Wir stecken mitten in der Albumpromo eines berühmten österreichischen Rappers, und ab Mittag heißt es für mich wieder Kopf, Muskel und Seele für andere sein, damit der Promotag so reibungslos wie möglich für alle Beteiligten vonstattengeht.

»Bist du dir sicher?«, frage ich nach, aber eigentlich habe ich meine Entscheidung schon getroffen. Ich will einfach mal kurz meine Ruhe haben. Auch wenn ich mich selbst dafür hasse. Ich blicke schuldbewusst auf die Cupcakes, die ich extra noch besorgt habe, um sie meiner Schwester mitzubringen. Die werden morgen auch noch gut sein.

»Natürlich, Schatz. Bis morgen!« Ich habe kein gutes Gefühl dabei, aber ich bin einfach zu erledigt. Und morgen habe ich noch Zeit, vor dem ersten Interviewtermin bei ihr vorbeizuschauen. Geht ja erst spät los. So beruhige ich mich selbst und penne direkt an Ort und Stelle auf meiner durchgesessenen eBay-Kleinanzeigen-Couch weg.

Als ich am nächsten Morgen aufwache, bin ich direkt im Modus. Alles klar, Blitzdusche, raus aus dem Haus und Mama abholen, damit ich noch schnell mit ihr zu Irina ins Hospiz fahren kann, bevor ich bei *16BARS* mit irgendeinem Künstler für ein Interview auf der Matte stehen muss. Doch als mir meine Mutter die Tür aufmacht, merke ich gleich, dass etwas nicht stimmt. Der Zugwind riecht nach Trauer. Sie schlägt mir ins Gesicht, so doll, dass ich mir vorstelle, wie ihre unsichtbare Hand rote Striemen auf meiner Wange hinterlässt. Es ist nicht so, dass meine Mutter verheult aussieht. Ihr Gesicht ist vollkommen starr, keine Regung ist zu sehen – dennoch erkenne ich die unsichtbaren Striemen auch auf ihren Wangen, die die Trauer dort hinterlassen hat. Ich habe früh gelernt, die Absenz von offensichtlichen Gefühlen auf dem Gesicht meiner Mutter zu deuten und auszumachen, was hinter der Fassade verborgen liegt.

»Was ist passiert?«, keuche ich, während ich mich durch die Wohnungstür zwänge, in der meine Mutter immer noch regungslos steht. »Irina ist heute Nacht gestorben.« Ihre Stimme klingt seltsam leer. Es fühlt sich an, als würde etwas sehr Schweres sehr schnell durch mich hindurch fallen. Doch der Aufprall bleibt aus. Der Satz meiner Mutter hat ein endloses Loch in mir aufgetan, an dessen Grund kein Boden in Sicht ist.

Ich weiß nicht mehr, wie lange ich da stehe und warte, bis das schwere Etwas in mir endlich auf dem Grund aufprallt, damit ich mich wieder bewegen kann. Vielleicht vergehen nur wenige Sekunden. Vielleicht auch Minuten. Jahre? Irgendwann sage ich einfach: »Ok.« Ich ziehe noch nicht mal Jacke und Schuhe aus. Irgendetwas in mir zwingt mich dazu, diesen Ort zu verlassen. Ich drehe mich auf der Stelle um und eile aus dem Haus. Ich gehe arbeiten. Meine Mutter fährt allein ins Hospiz, um Irinas Sachen einzusammeln, und ich gehe Rapper betreuen. Währenddessen warte ich die ganze Zeit, wann das schwere Ding in mir endlich auf dem Grund aufschlagen und zersplittern wird, damit ich die Scherben zusammenkehren kann. Aber der Moment kommt nicht. Zumindest eine ganze Weile lang nicht. Irgendwann gewöhne ich mich einfach an das Gefühl.

Die letzten Wochen im Leben meiner Schwester waren eine Tortur. Sie war am Herzen operiert worden und hatte alle im Krankenhaus wahnsinnig gemacht. Sie wollte unbedingt nach Hause. Ich verstehe das irgendwie. Meine Schwester war keine Person, die gerne still irgendwo herumlag und das Vernünftige tat. Außerdem wird man als Suchtkranke im Krankenhaus nicht gerade nett behandelt. Es gab mehrere Situationen, in denen ich die komplette Station zusammenschreien musste, weil ich nicht ertragen konnte, wie abfällig meine Schwester von den Ärzten und Schwestern behandelt wurde.

Wie so oft, hatte meine Mutter irgendwann keine Energie mehr, mit Irina zu streiten. Es war ihr immer schwergefallen, sich gegen sie durchzusetzen, und so ließ meine Mutter meine Schwester nach ihrer Herzoperation gegen ärztlichen Rat aus dem Krankenhaus entlassen, um sie zu Hause gesund zu pflegen. Die Wunde entzündete sich aber, und meine Schwester musste wieder auf die Intensivstation. Uns war nicht klar, wie ernst es um sie stand, bis die Ärzte uns sagten, wir müssten uns jetzt von ihr verabschieden. Ihr Zustand hatte sich innerhalb eines Tages so sehr verschlechtert, dass sie nur noch von Maschinen am Leben gehalten wurde. Uns war klar, dass das kein Leben für sie war. Es waren zutiefst komplizierte Gefühle für mich und meine Mutter. Mein Vater war zu diesem Zeitpunkt schon seit drei Jahren tot. Er war der Erste in meiner Familie, den ich hatte begraben müssen. Das war 1999. Ich war damals 18 Jahre alt.

Ich war extrem traurig, als Irina gehen musste, aber so hart es klingt: Ein Teil von mir war auch erleichtert. Weil es so schwer gewesen war. 20 Jahre lang hatte diese Frau – so sehr ich sie liebte – alles an Energie geraubt, was meine Mutter und ich hatten. Und dann passierte das Unglaubliche: Meine Schwester wachte wieder auf und wurde von der Intensivstation in ein Hospiz verlegt. Wir wussten, dass sie sich nicht mehr von der Operation erholen würde. Ihr Körper war zu sehr geschädigt, aber immerhin hatten wir ein bisschen mehr Zeit gewonnen. Nur war ich mal wieder nicht da.

Ich schluckte an diesem Tag ihren Tod und alles, was er in mir auslöste, einfach runter und ging arbeiten. Den Schmerz, die Schuldgefühle, die Verzweiflung. Es ist bis heute eine der schmerzhaftesten Erinnerungen, die ich habe. Dass ich meine Mutter nicht ins Hospiz begleitet habe, sondern stattdessen Rapper betreuen ging. Aber ich hatte mich in den vergangenen Jahren so weit von meiner Gefühlswelt abgekoppelt, dass ich keinen anderen Weg sah, mit meinem Schmerz umzugehen, als ihn ganz tief im mir drinnen, dort, wo das schwere Etwas immer noch nicht aufgeschlagen war, zu begraben. Ich weiß noch, wie der Rapper mich am Abend jenes Tages, als wir das letzte Interview hinter uns gebracht hatten, fragte, ob wir noch zusammen etwas essen gehen wollten, und plötzlich sprudelte aus mir heraus: »Du, es tut mir echt leid, aber ich kann nicht. Meine Schwester ist heute gestorben und ich glaube, ich will lieber nach Hause gehen.« Keine Ahnung, warum ich ihm das auf einmal erzählte. Er war schockiert. Er konnte gar nicht glauben, was er da hörte und dass ich mich auch noch entschuldigte.

Wenn du so früh zu Hause der Boss sein musst, in meinem Fall mit neun Jahren, beginnst du deine Schwächen zu verbergen, sie mit aller Brutalität zu unterdrücken. Schließlich interessiert sich ja auch keine*r dafür. Wenn auf ein »Mir geht's nicht gut« deinerseits immer als Antwort kommt: »Ja, was denkst du denn, wie es MIR geht?!«, dann hört man auf, seine Gefühle zu zeigen. Man verbietet sich sogar gleich ganz zu fühlen. Ein Nebeneffekt davon war unter anderem, dass ich ziemlich früh in meiner Jugend eine Essstörung entwickelte. Erst Bulimie, dann Magersucht. Meine ganze Kindheit hindurch war mir immer gesagt worden, ich sei zu dick. Und meine gesamte Kindheit hindurch hatte ich mich kontrolllos, ausgeliefert und schwach gefühlt. Meine Essstörung versuchte wohl zwei Fliegen mit einer Klappe zu schlagen: mich liebenswerter zu machen, indem ich dünner wurde, und mir ein Gefühl der Kontrolle zu verleihen. Ich habe einmal versucht, meiner Mutter von meiner Essstörung zu erzählen und ihr bewusst zu machen, wie schlecht es mir ging. Ich erinnere mich noch, wie wir im Wohnzimmer saßen und ich nach Worten rang, um ihr zu erklären, was genau mein Problem war, als auf einmal das Telefon klingelte. Und meine Mutter ging einfach ran. Unser Gespräch war damit beendet. Ich saß da und hörte zu, wie sie mit irgendeiner Tante über irgendeinen belanglosen Scheiß schwatzte, während ich eben noch versucht hatte, ihr meine komplizierten Gefühle zu offenbaren. Für so etwas hatte sie keine Zeit. Hätte ich sie nach Geld oder Essen gefragt – das hätte sie verstanden. Aber meine Mutter verstand nicht, was ich brauchte. Sie konnte nicht damit umgehen. Ich merkte abermals, dass Schwäche keinen Platz hatte in meinem Leben.

Und dann ergriff ich auch noch einen Beruf, in dem Schwäche damals keinen Platz hatte. Manchmal sind Menschen in unser Büro bei *PANORAMA3000* gekommen und haben mich nicht mal angeguckt, obwohl ich diejenige war, die die Kampagne entworfen hatte und betreuen würde. Manchmal saß ich bei *Universal* oder einem anderen Major-Label und wurde am laufenden Band unterbrochen und missachtet. So sehr ich Yousef Hammoudah dankbar bin für alles, hatte ich nicht selten das Gefühl, dass der normale Umgangston ausartete. Ich wurde von Managern ausgelacht für meine Ideen. Als ich verkündete, dass ich einen neuen Artist namens Haftbefehl vertreten würde, verzogen die Leute ihre Gesichter. »Was willst du denn mit DEM?«

Mir wurde das Gefühl vermittelt, lächerlich zu sein und nicht in den oberen Rängen mitmischen zu dürfen, weil ich zu asozial, zu Ghetto, zu ungebildet war. Als Haft dann zu der ikonischen Lichtgestalt avancierte, die vom Feuilleton abgebildet und gelobt wurde, hieß es plötzlich: »So, nun lass mal die großen Jungs ran, ab jetzt übernimmt der PR-Typ von XY die Pressearbeit. Spiel du mal weiter mit den Schmuddelkindern.«

Ich musste mir alles erkämpfen. Und dann hast du irgendwann keine Schwächen mehr – weil es auch noch klappt! Du bist stark, du bist die krasseste und du lernst: Du verdienst nur Geld und Anerkennung, wenn du krass bist. Wer hat denn Bock auf jemanden, der Wehwehchen hat? Keine*r.

Aber: Jede Maske, die du trägst, fällt irgendwann mal. Ich kann nicht Authentizität predigen und allen um mich herum sagen, es ist ok, wie sie sind, aber dasselbe nicht auf mich anwenden. Ich merkte Stück für Stück an den Reaktionen wie der des österreichischen Rappers damals, dass ich mein Leben komplett verkorkst hatte, weil ich nie Schwäche zugelassen hatte. Und der Moment, in dem ich endgültig begann, meine Einstellung gegenüber vermeintlicher Schwäche zu überdenken, war, als meine Mutter starb.

Ich hatte nach dem Tod meiner Mutter einen Zusammenbruch. Es war mein endgültiger Wendepunkt. Schon nach dem Tod meiner Schwester hatte ich mir gedacht: *Ich habe die Lebenszeit mit meinem Vater verpasst, weil er so früh verstorben ist, und jetzt auch noch die Lebenszeit mit meiner Schwester, weil ich nur gearbeitet habe. Mit meiner*

Mutter wird mir das nicht noch einmal passieren. Ich hatte einen Plan. Ich hatte inzwischen eine zweite PR-Firma namens *Die Marina* gegründet, nachdem meine Partnerin und beste Freundin Conny aus unserer Firma *Musicism & Cinelove* ausgestiegen war, weil sie die Musikbranche verlassen wollte. Ich wollte nach drei Jahren Solo-Selbstständigkeit *Die Marina* aufgeben und mir eine Festanstellung suchen. Das bedeutete zwar weniger Geld, aber dafür auch mehr Zeit. Da mit dem Tod meiner Schwester eine große finanzielle Belastung weggefallen war, konnte ich mir das auch leisten. Ich wollte weniger arbeiten und endlich wieder Zeit verbringen mit dem Rest, der mir von meiner Familie übrig geblieben war, meiner Mutter.

Ich traf mich mit Patrick Mushatsi-Kareba, der im Begriff war, von *Universal Music* zu *Sony Music Deutschland* zu wechseln, um dort als neuer CEO zu arbeiten. Wir kannten uns schon lange, und er hatte mir in der Vergangenheit immer wieder deutlich gemacht, dass er mich gerne in seinem Team hätte. Ich vertraute Patrick. Auch er war ein Underdog, der es geschafft hatte, sich von der Frankfurter Plattenbausiedlung in die Glasbüros der Major-Labels hochzuarbeiten. Er verstand meinen Hustle, meinen Schmerz, meine Geschichte. Also trafen wir uns und ich weihte ihn in meinen Plan ein, das Kapitel »Marina allein gegen den Rest der Welt« aufzugeben und Teil eines Teams zu werden. Das Einzige, was Patrick in diesem Gespräch von mir wissen wollte, war: »Was brauchst du?« Das machte mir Mut, verstanden zu werden. Es war Zeit, den Schritt zu wagen – auch wenn es mir eine Heidenangst einjagte, mich festangestellt in einem Büro mit unzähligen Kolleg*innen, Hierarchien und allem, was eben mit so einer Festanstellung einhergeht, zurechtfinden zu müssen. Wie gesagt: Ich litt unter vielen sozialen Ängsten, hatte unzählige mentale Probleme, und meine fixen Routinen gaben mir Halt, um dieses innere Chaos manövrieren zu können. Aus diesen Routinen ausbrechen und meine Komfortzone buchstäblich und metaphorisch verlassen zu müssen, war scheiße gruselig. Aber das war es mir wert. Ich konnte nicht mehr mein ganzes Leben für die Arbeit und das Geld opfern. Ich war bereit. Und dann kam doch alles anders.

Die Ironie des Schicksals wollte es so, dass just an dem Tag, als mein Arbeitsvertrag von *Sony* ankam, meine Mutter starb. Wie in so einem Scheiß-Lars-von-Trier-Film.

Ich werde diesen Tag nie vergessen. Ich verließ morgens das Haus mit meinen nagelneuen Klamotten, die ich mir extra für meinen neuen Job gekauft hatte. Ich hatte angenommen, dass ich in meinen Jogginganzügen nicht im Büro auftauchen könnte *(turns out,* kann ich sehr wohl). Also hatte ich mich mit allerhand Stoffhosen und Blusen ausgestattet. Da ich aber so klein bin, musste ich alles ändern lassen. Mit meinem neuen Office-Fit machte ich mich also auf den Weg Richtung Schneider. Bevor ich das Haus verließ, checkte ich noch schnell den Briefkasten. Als ich die graue Metalltür öffnete, strahlte mich ein großer weißer A4-Briefumschlag an. Da war er! Mein Arbeitsvertrag, mein Versprechen. Ich klemmte ihn mir unter den Arm. Perfekt! Mein Schneider lag in derselben Straße, in der auch meine Mama wohnte. Ich könnte also schnell meine Klamotten zum Ändern bringen und dann direkt zu Mama rüberlaufen und ihr meinen Vertrag zeigen und mit ihr feiern. Ich war komplett aus dem Häuschen. Mit dem Briefumschlag in der einen und den Klamottentüten in der anderen Hand, kramte ich mein Handy aus meiner Jackentasche, um meinen Besuch bei Mama anzukündigen. Es klingelte. Sie ging nicht ran. Na ja, ich hatte eh die Hände voll. Ich stopfte mein Handy umständlich zurück in meine Jackentasche und dachte mir nichts weiter dabei. Beim Schneider angekommen, rief ich noch mal an. Es klingelte. Sie ging nicht ran. Langsam fragte ich mich schon, warum die Frau nicht abnahm ... *Die ist doch um sechs Uhr morgens schon fit!* Mich beschlich ein wenig Skepsis, aber ich schob das Gefühl beiseite. *Egal*, dachte ich, *dann lauf ich einfach bei ihr vorbei. Wird schon aufmachen.* Ich hatte gerade die Tür des Schneiders hinter mir zugezogen und die ersten Schritte in Richtung Wohnung meiner Mutter zurückgelegt, als mein Handy in meiner Jackentasche zu klingeln begann. *Ah, das wird ihr Rückruf sein!*, dachte ich. Doch als ich ranging, ertönte eine Männerstimme in der Leitung. Schon mal dubios, eine unbekannte Männerstimme zu hören, wenn man eigentlich die Stimme seiner Mutter erwartet. Aber was der Mann sagte, schickte mir sofort wieder das altbekannte Gefühl von dem schweren Etwas, das durch mich hindurchfällt, in die Magengrube. »Hallo, Kommissar Diesdas spricht hier. Wo sind Sie denn gerade?« Seit dem Tod meiner Schwester war es in meinem Leben in Sachen Polizeikontakt eigentlich recht ruhig geworden. Aber alte Alarmglocken rosten nicht. Mit zittriger Stimme antwortete ich: »Ich bin auf dem Weg zu meiner Mutter! Was wollen SIE denn?« Noch während ich das sagte, tauchte schon ein

Polizist am Ende des Gehwegs in meinem Blickfeld auf. In seiner Hand erkannte ich die Handtasche meiner Mutter. Und da wusste ich's.

Meine Mutter war auf der Straße, auf der ich gerade unterwegs zu ihr gewesen war, gestorben.

Mir fiel der schneeweiße Briefumschlag mit meinem Arbeitsvertrag aus der Hand. Das Leben, das gerade hätte losgehen sollen, war mir durch die Finger geglitten, gerade in dem Moment, als ich dachte, es endlich zu fassen gekriegt zu haben. So nah. Ich war so verdammt nah dran gewesen …

Der Tod meiner Mutter war verheerend für mich. Ich wollte selbst nicht mehr leben. Ich war jetzt allein. Es waren wirklich alle weg, Papa, Irina und Mama. Und ich stand noch vor ganz anderen Herausforderungen, neben der Bewältigung eines weiteren gigantischen Traumas in meinem Leben. Zum Beispiel die Planung des Begräbnisses meiner Mutter. Ich hatte noch nie eine jüdische Beerdigung organisiert. Bei meinem Vater und Irina hatte das meine Mutter übernommen. Mir wurde gesagt, es müssten zehn jüdische Männer zugegen sein, um das Glaubensbekenntnis zu sprechen – so viele kannte ich nicht einmal! Es war mir unangenehm, mit so einer persönlichen Bitte an mehr oder weniger wildfremde Menschen herantreten zu müssen, aber ich telefonierte jeden jüdischen Mann, mit dem ich auch nur fünf Minuten (meistens im Arbeitskontext) verbracht hatte, durch und fragte, ob er zur Beerdigung meiner Mutter kommen könne. Es war eine absurde, schmerzhafte und teilweise in ihrer Tragik schon wieder fast komische, weil so bizarre Identitätserfahrung. Ich meine, wer fragt denn irgendwelche Leute, ob sie zur Beerdigung der eigenen Mutter kommen können, weil die mehr Plan von der eigenen Geschichte und Kultur haben als man selbst?

Irgendwie bekam ich am Ende doch alles hin – wie immer. Aber der Tod meiner Mutter konfrontierte mich mit meiner eigenen Biografie und Identität auf eine Weise, die ich nicht erwartet hatte. Wenn eine Mutter stirbt, stirbt mehr als nur der Mensch, mit dem du dir einst einen Körper geteilt hast. Es stirbt buchstäblich ein Teil von dir. Und dieser Teil ist dann weg, für immer, und du hast keine Möglichkeit mehr, ihn kennenzulernen, zu verstehen, zu heilen.

Am Tag der Beerdigung beantwortete ich Arbeitsmails, während meine Mutter im Grab neben meiner Schwester und meinem Vater verschwand. Am Abend ging ich zu den *Hype Awards,* um meine Artists zu betreuen. Einen Tag später fuhr ich aufs *splash! Festival* und arbeitete drei Tage durch, als wäre nichts geschehen. Die direkte Reaktion auf den Tod meiner Mutter war mal wieder, dass ich mich in meiner Arbeit vergrub, um dem Schmerz zu entfliehen. Um ja keine Schwäche zu zeigen.

Bis ich dann doch endgültig einen Zusammenbruch erlitt und ein für alle Mal entschloss, diesen toxischen Kreislauf zu durchbrechen. Ich hatte keinen Bock mehr auf das Doppelleben. Ich hatte keinen Bock mehr, Leuten zu sagen, ich hätte die Grippe, wenn ich tatsächlich zu Hause im Bett lag und mich mal wieder vor Schmerz vollgefressen hatte, und es mir so schlecht ging, dass ich mich übergeben musste und drei Tage am Stück heulte. Manchmal bin ich nachts aufgewacht und habe mir meine Haare ausgerissen. Ich hatte die schlimmsten Phasen. Aber ich habe immer gedacht: *Wenn irgendeiner weiß, dass es mir schlecht geht, wenn irgendeiner mitbekommt, was bei mir zu Hause, in meiner Familie abgeht, wenn die checken, wie kaputt ich bin, wird niemand mehr mit mir arbeiten wollen.* Ich habe mir irgendwann einen Panzer angelegt und begann, wie eine Soldatin zu denken: *Wenn du schwach bist, wirst du erschossen. Du kannst dir Schwäche nicht leisten.* Andere Frauen, die im Laufe meiner Karriere mit mir in Panels oder Meetings saßen, fanden natürlich zu Recht: *Sag mal, ist die bescheuert? Sind wir alle einfach nicht ›stark‹ genug und bringen es nicht, wenn wir zugeben, dass wir mit etwas nicht zurechtkommen? Dürfen wir nur existieren, wenn wir stark sind?*

Ich wollte so nicht mehr sein. Dieses Mindset hatte mich an den Rand meines Lebenswillens getrieben. Ich fing an, mich mit meinen mentalen Problemen auseinanderzusetzen und suchte mir dafür professionelle Hilfe – nicht zum ersten Mal in meinem Leben. Ich begann zu verstehen, warum ich reagierte, wie ich reagiere: häufig überzogen, aggressiv. Ich begann MICH kennenzulernen. Es war der erste Schritt, um an mir arbeiten zu können. Ich begann mich selbst zu reflektieren – und dazu gehörte unvermeidbar, mich auch mit meinem Scherz und meiner Schwäche auseinanderzusetzen, sie anzuerkennen.

Es war klar, dass das Kartenhaus irgendwann zusammenbrechen musste. Mentale Gesundheit ist keine Checkliste, die man einfach abhaken kann, und auch kein woker, sexy Begriff, mit dem man sich schmückt. Es ist fucking schwer, sie in Balance zu halten, und es gibt auch heute noch Tage, an denen ich 15-mal heule. Soll ich dafür jedes Mal auf Toilette gehen und mich verstecken?

Ich konnte es einfach nicht mehr. Und dann ist mir auch bewusst geworden, dass ich kein Vorbild für andere war. Was habe ich in all den Jahren meinen Kolleginnen und Kundinnen vorgelebt?

Und so gelangte ich zu der wichtigen Lektion dieses Kapitels: Schwäche gedeiht im Schatten. Je mehr man versucht, sie zu verbergen, zu verstecken, vor dem Licht der Realität abzuschirmen und zu verleugnen, desto mehr Macht verleiht man ihr. Stärke ist nicht die Absenz von Schwäche. Im Gegenteil. Die Stärke, die du hast, kommt durch dein Herz und deine Emotionen und nicht aus deinen Muskeln oder einem lauten Organ. Durch Ehrlichkeit. Authentizität.

Und wie sich herausstellte, haben sich mir mehr Türen geöffnet als verschlossen, als ich begann, authentisch mit meinen Schwächen umzugehen und nicht mehr alles niederzumähen, weil ich so sehr versuchte, allen weißzumachen, dass ich keine Schwächen hätte, während ich zeitgleich daran zugrunde ging.

Heute bin ich das genaue Gegenteil. Ich sage jedem und jeder in meinem Team: »Wenn es dir kacke geht, dann sagst du das!« Mentale Gesundheit und der offene Umgang damit sind mir heute extrem wichtig, und ich bin selbst diesbezüglich sehr ehrlich geworden.

Ich sage euch etwas: Ich fahre besser damit. Auch wenn es nicht immer leicht ist. Meine größte Angst war immer, dass Leute meine Schwäche gegen mich verwenden würden.

Und ich bin ehrlich: Das passierte auch hier und da mal. Aber wenn ich es auf die Waage lege, ist das Kosten-Nutzen-Verhältnis immer noch positiv in Sachen Schwäche embracen.

Wir alle haben diese Momente der Verzweiflung, Unsicherheit, Angst. Nicht jede von uns steht morgens auf und liebt sich. Und was sollen diese Menschen für Vorbilder haben? Deswegen bin ich gerne für die Leute da, damit sie merken: Du kannst trotzdem weit kommen, auch mit Selbstzweifeln, mit Trauma, mit Angst. Und das gilt sowohl privat als auch beruflich.

Der offene Umgang mit Schwäche stärkt jedes Team. Durch meine Transparenz vermittele ich den anderen, dass sie sich nicht erklären müssen, wenn es ihnen schlecht geht. Das ist vor allem wichtig in einem Beruf wie meinem, in dem man so sehr auf Zusammenarbeit angewiesen ist. Künstler*innen besitzen einen gerechtfertigten Narzissmus, die wollen immer etwas von dir – wenn du denen nicht klar sagst, dass du Probleme hast, dann belästigen sie dich nonstop. Das hat bei mir für enorm viel Stress gesorgt, aber sie wussten es ja nicht besser, weil ich ihnen gegenüber nicht klar kommunizierte, dass ich Schwierigkeiten hatte. Ich hatte darum immer das Gefühl, dass sich niemand wirklich um *mich* scherte. Ich war besessen davon, jeden Tag aufs Neue jegliche Konkurrenz ausmerzen und zu demonstrieren, dass ich unverzichtbar bin, und hatte trotzdem das Gefühl: *Niemand wird dich vermissen, wenn du mal weg bist.*

Erst als ich verkündete, meine eigene Firma *Die Marina* aufzugeben und zu *Sony Music* zu gehen, habe ich gemerkt, wie meine Artists und Kolleg*innen wirklich fühlten. Keine*r von ihnen konnte sich vorstellen, wie die Deutschrap-Szene ohne mich als ihre PR-Frau aussehen sollte. Nicht wenige fragten mich: »Aber wie soll es denn jetzt weitergehen? Du hinterlässt ein Loch, das keine*r füllen kann!«

Die meisten Artists haben trotzdem toll reagiert, als ich ihnen mitteilte, dass meine mentale Gesundheit jetzt Vorrang habe und ich mich um meine Probleme kümmern müsse. Diese Offenheit brachte mich vielen sogar noch näher, weil sie ähnliche Probleme hatten. Ich weiß noch, wie Capital Bra zu mir sagte: »Jetzt bist du *noch* stärker!« Und er hatte Recht.

Schwäche als Teil von mir und anderen zu akzeptieren, ist nach wie vor ein Prozess für mich. Kürzlich erst erwischte ich mich bei einem Gespräch mit einer Freundin über eine Arbeitskollegin dabei, als ich abschätzig schnaubte: »Die heult immer so schnell! Wär die mal zu meiner Zeit da gewesen! Ich wurde 15-mal am Tag angeschrien und ich habe nicht geheult, ich hab zurückgeschrien, und zwar doppelt so laut!«

Sobald die Sätze meine Lippen verlassen hatten, stockte ich. *Nein, nein, nein. Genau so will ich doch nicht mehr sein!*, dachte ich mir. Eine Mauer um dich herum bringt dir nichts. Denn sie blockt auch all die positiven Einflüsse ab. Wie viele Dinge ich verpasst habe wegen dieser Haltung!

Ich versuche jedoch auch in dieser Hinsicht weicher mit mir zu sein und mich selbst nicht allzu sehr zu verurteilen dafür, wie ich all die Jahre durch die Welt gerannt bin. Denn man muss auch eines sehen: Niemand hat mich gemacht, außer ich selbst! Ich hatte nicht mal eine Mutter, die mich erzogen hat. Ich musste mir Falsch und Richtig selbst beibringen und es hat 40 Jahre gedauert, bis ich's einigermaßen raushatte. Ich habe mich selbst großgezogen und ich habe eine Karriere eingeschlagen, die nicht für Menschen wie mich vorgesehen war, kleine jüdische Frauen aus der Arbeiterklasse mit *mental issues*. Ich musste Türen öffnen, die anderen schon allein durch ihre familiäre Situation offen standen. Oder durch ihre finanzielle. Ich musste diese Türen eintreten und rufen: »Ich bin der badass, Motherfucker! *Let! Me! In!*« Dass dabei etwas auf der Strecke blieb und dass Seiten in mir zum Vorschein kamen, die ich heute versuche zu überwinden, ist nun mal Teil meiner Geschichte. Das akzeptieren zu lernen, ist eine Challenge, die ich immer besser meistere. Diesen Weitblick zu haben, ist am Ende auch eine Stärke. An diesem Punkt des Buches wird es also Zeit, nachdem wir so viel über Schwäche, Hindernisse und Kopfficks geredet haben, mal über Stärke zu sprechen.

Lektion 4:

Erkenne deine Superpower

Eine dunstige graue Wolke wabert wenige Zentimeter über unseren Köpfen. Wir haben sie kreiert. In den eisigen Tiefen des Winters sind unsere Atemzüge zu ihr verschmolzen. Wie Messdienerinnen umhüllt vom Weihrauch stehen ich und meine Freundinnen dicht gedrängt zusammen und versuchen uns einander im Dampf unseres Atems zu wärmen. Im Gegensatz zu Messdienerinnen ist unsere Kirche aber eine Konzertarena und wir harren hier auch nicht in der Januarkälte aus, um einen mystischen Gott anzubeten, sondern die sehr realen Backstreet Boys. Unter den klebrig-rosa Schichten unseres Essence-Lipgloss' mit Erdbeergeschmack kann man unsere Lippen bläulich schimmern sehen. Doch das Feuer grenzenloser Teenager-Hingabe lodert gegen die Kälte draußen an. Wäre Teenie-Girl-Liebe eine anzapfbare Energiequelle, dann wäre der Klimawandel heute unser kleinstes Problem.

Wir stehen seit Stunden vor der Arena. Ein Rudel Wölfinnen in pastellfarbenen Puffer-Jackets mit nur einem Ziel: sobald der Einlass losgeht, als Erste die Halle stürmen und die vorderste Reihe in Beschlag nehmen.

Durch die Wolke unseres Atems erkenne ich den Umriss einer Frau, die immer näher auf uns zukommt und schließlich vor uns Halt macht, die Hände in die Hüften stemmend. »Mädels, ich kann das nicht mehr mit ansehen. Wir gehen jetzt! Das geht so einfach nicht …« Das Rudel Wölfinnen im Daunenpelz vor ihr stimmt sofort in kollektives Geheul ein. »Wir gehen nirgendwo hin!. Dann war ja alles umsonst!«, »Ich bleibe hier, bis ich steeeeerbe!«, »Ich bin eh schon festgefroren!«, »Mama, das ist unfair!« Unser Gejaule ist vielstimmig und tönt durcheinander. Aber nach einer weiteren halben Stunde müssen wir einsehen, dass wir den Rest der Zeit bis zum Einlass vielleicht doch lieber in der trockenen Heizungsluft des Autos verbringen sollten. Die Drohung, Gefrierbrand zu riskieren, der unsere Nasenspitzen für immer unschön schwarz verfärben würde (Nekrose!), ist dann doch abschreckend genug, um unser Lager abzubrechen und den Forderungen der Mutter unserer Freundin nachzugeben. Außerdem müssen wir langsam echt dringend aufs Klo. »Hier ist doch ganz in der Nähe dieses große Hotel. Da könnt ihr pullern gehen«, schlägt die Mama unserer Freundin vor, und auch wenn uns der Gedanke, uns kurzzeitig noch weiter von der Konzerthalle zu entfernen, gar nicht passt, ist die Aussicht auf eine beheizte und saubere Toilette, wo wir weitere Schichten Mascara und Maybelline-Matte-Mousse-Make-up auftragen können, verlockend.

Wir steigen in den Fiat Panda und quetschen uns zu fünft auf die Rückbank. Es dauert nur wenige Minuten, bis unser Atem wieder zu einer Einheit verschmilzt und die Autoscheiben beschlagen lässt. Mit unseren Fingerspitzen malen wir Herzen und Initialen darauf.

Als wir uns umständlich von der Rückbank aus dem Auto ergießen – trifft uns fast der Schlag. Können wie in großer Hitze auch in großer Kälte Fata Morganas entstehen? Anders können wir uns den Anblick nämlich nicht erklären, der sich uns da vor unserem Auto bietet. Da sind sie! Stapfen aus der Lobby heraus. Die Backstreet Boys! Einfach so, wo wir gerade hier zufällig aus unserem Auto purzeln – als wäre es Schicksal. Das Hotel, in dem wir uns eigentlich nur frisch machen wollen, ist das Hotel, in dem die Band wohnt, und wir sind gerade einfach so in sie hineingerannt. Für unsere kleine Fan-Gruppe kommt dies einem religiösen Erlebnis sehr nahe, auch ganz ohne Weihrauch.

In meiner Kindheit und frühen Pubertät war ich ein sogenannter Superfan. Backstreet Boys, *NSYNC, New Kids On The Block, Naughty By Nature, Take That – wie so viele Mädchen zwischen acht und 16 Jahren war ich besessen von Boygroups. Girlgroups wie die Spice Girls oder All Saints habe ich auch gefeiert, aber vor allem hatten es mir die Boys angetan. Ich hob die normale Obsession junger Mädchen an der Schwelle zur Pubertät oder mittendrin aber auf ein anderes Level. Ich beließ es nicht bei Postern an der Zimmerwand, regelrecht religiösen Käufen von Maxi-CDs, Alben und Merch. Ich reiste den Bands hinterher, wartete stundenlang vor Arenen und Hotels, um ein Autogramm, ein Foto, einen Moment kompletter Glückseligkeit zu erhaschen. Ich arbeitete neben der Schule bei Pizza Hut, in einer Bäckerei, ging putzen und verkaufte am Wochenende alles, was ich nicht unbedingt brauchte, auf dem Flohmarkt. Ich sparte jeden Cent, den es zum Geburtstag gab, und gönnte mir nichts, wofür »normale« Teenager Geld ausgeben. Coole Klamotten, Kino, Shisha-Bar – nix davon. Ich steckte alles in meine Fan-Aktivitäten.

Bei den Fan-Treffen vor irgendwelchen Hotels, in Einkaufscentern und bei Meet-and-Greets lernte ich andere Superfans kennen und so verschmolzen wir im Laufe der Zeit zu einer unzertrennbaren Supergroup junger Freundinnen mit einer gemeinsamen Leidenschaft und Mission. Dieses Gefühl des Zusammenhalts und der Zugehörigkeit, war das Beste an dem Ganzen. Man war ein Freak, aber die anderen auch! Es war ein Abenteuer. Wir schlossen Freundschaften, teilweise über Stadtgrenzen hinweg, und cruisten zusammen mit unseren Deutsche-Bahn-Wochenendtickets zu Veranstaltungen, auf denen wir unsere Idole bewundern konnten. Als dann die Ersten von uns irgendwann den Führerschein hatten, waren wir endgültig nicht mehr zu stoppen.

Wir hatten sehr viel Spaß. Schule wurde immer uninteressanter für mich und ich schwänzte oft. Ich tingelte lieber mit meinen Freundinnen durch die Lande und stalkte Boygroups, schnitt Bilder aus Zeitschriften aus und plante mit meinen Schwestern im Geiste Trips, Aktionen und Geheimmissionen. Manchmal haben wir uns zu fünft in ein Hotel gesneaked, in dem angeblich die Band untergekommen war, wie gemunkelt wurde. Die Älteste musste das Zimmer reservieren, wo wir dann gemeinsam giggelten, Fanta tranken und hofften, dass die Band uns zufällig auf dem Flur über den Weg lief – was selten passierte. Wobei ich mit den Backstreet Boys tatsächlich häufiger solche Erlebnisse hatte wie damals im Winter vor dem Hotel. Einmal zum Beispiel, meine Freundinnen und ich waren mit dem Flieger aus London in Berlin gelandet und liefen zur Bushaltestelle, um vom Airport nach Hause zu fahren, fiel uns plötzlich ein Riesenomnibus ins Auge. Es war der Tourbus der Backstreet Boys – wir wussten natürlich, wie der aussah. Wir beschlossen, spontan unsere Pläne zu ändern und statt nach Hause, auf die Pirsch zu gehen – wenn der Bus hier war, dann mussten unsere Idole doch irgendwo in der Nähe sein! Und tatsächlich fanden wir Nick, AJ, Kevin und Brian dann auch, wie sie auf ihren Flieger warteten.

Ich möchte an dieser Stelle betonen, dass unsere Gruppe immer sehr respektvoll war. Wir haben stets auf die offiziellen »Die Band geht jetzt los, ihr könnt am Ausgang warten und nach Fotos fragen«-Momente gewartet, und wenn es solch zufällige Run-Ins wie die geschilderten gab, haben wir ganz leise und lieb nach Fotos gefragt und niemanden bedrängt. Wir waren viel zu schüchtern dafür und haben es auch strikt abgelehnt, wenn andere Fans sich grenzüberschreitend verhielten. Denn wir liebten ja diese Bands! Wenn die sich unwohl fühlten, fanden wir das auch furchtbar. Es gab deswegen auch richtig Beef zwischen uns und anderen Fan-Gruppierungen, die weniger respektvoll waren. Und wie jede*r weiß: Einen gemeinsamen Gegner zu haben, schweißt jede Gruppe noch mal mehr zusammen. Wir waren ein untrennbares Team. Komplizinnen, Freundinnen, Gefährtinnen. Klar, vordergründig ging es um die Bands, unser gemeinsames Hobby. Aber unsere Verbindung und die Liebe füreinander und für eine gemeinsame Sache war das, was meine Fan-Zeit damals so erfüllend gemacht hat.

Was uns über unsere Liebe hinaus verband, war, dass jede von uns einen gewissen Struggle zu Hause hatte, dem wir mit unserer Fan-Liebe zu entfliehen versuchten. Eine von uns hatte zum Beispiel Eltern, die sie immer allein ließen. Die hatten zwar Geld, aber waren nie da. Ich weiß noch, wie wir einmal an Weihnachten bei ihr zu Hause gechillt haben, weil sie nicht allein sein wollte. Ihre Eltern waren mal wieder ohne sie verreist. Bei einer anderen hatten sich die Eltern vor Kurzem getrennt. Ihr Vater war ziemlich schnell weggezogen und hatte direkt eine neue Familie gegründet, was sie sehr verstörte. Was bei mir abging, wisst ihr bereits. Jede von uns hatte ihr Päckchen zu tragen. Man war in vielerlei Hinsicht nicht allein als Superfan – und konnte sich gleichzeitig endlich mal leicht fühlen. Es waren meine Sternstunden der Bedeutungslosigkeit, die doch so bedeutsam waren.

Unsere Liebe und Hingabe waren so groß, dass sogar Ländergrenzen und Meere kein Hindernis für uns darstellten, um unseren Bands nahe sein zu können. Um bei der großen *Smash Hits*-Tournee dabei sein zu können, reisten meine Freundinnen und ich nach England, der Wiege der Popmusik und der Boygroups. Ich muss damals so etwa 15 Jahre alt gewesen sein.

Smash Hits war damals DIE Zeitschrift in UK. Wie die *BRAVO* hierzulande – die ich übrigens nie lesen durfte. Meine Mutter erlaubte mir nur *Bussi Bär*, weil sie nicht wollte, dass ich die Sexseiten in der *BRAVO* las – als ob die mich interessierten! Ich hatte nur Augen für meine Lieblingsstars und jedes Fitzelchen an Information über sie, das ich begierig aufsaugen konnte. Na ja, jedenfalls klaute ich die *BRAVO* von meiner Schwester und las sie also trotzdem (außer die Sexseiten, natürlich!). Als darin dann die *Smash Hits*-Tour in UK mit allen britischen Groups angekündigt wurde, wusste ich, dass ich da hinmusste. Wer was auf sich hielt in Sachen Boy- und Girlgroups in den 90ern, der musste ohnehin nach England, um das ultimative Fan-Erlebnis zu erfahren. Ich kaufte mir also in gewissenhafter Vorbereitung die *Smash Hits*-CD, auf der – ähnlich, wie bei den BRAVO-Hits-CDs – jeweils eine Single der auf der Tournee vertretenen Artists gefeatured war. Ich hörte nicht nur die CD durch, bis die Lyrics auch jener Bands saßen, die ich noch nicht kannte. Ich studierte auch das Booklet, um mir unter den bisher unbekannten Namen etwas vorstellen zu können. Als hingebungsvoller Superfan musste ich natürlich vorbereitet sein! Ich weiß noch, wie ich Igelfrisur um Igelfrisur, Tanktop um Tanktop, Seite für Seite studierte – als meine Augen plötzlich auf eine Seltenheit stießen: eine BIPoC-Band! Die meisten Boygroups waren damals ja sehr weiß und hatten in der Regel eine, maximal zwei Quoten-BIPoC-Personen dabei. Eine Gruppe zu sehen, die nicht diesem »Standard« entsprach, begeisterte mich. Ihr Name war Damage, und ein Funke war in mir entzündet, in der Sekunde, als ich das glänzende, dicke Papier umdrehte und ihre Artist-Seite enthüllte. Ich weiß noch, wie ich meinen Freundinnen die Booklet-Seite von Damage zeigte, mit dem Finger auf einen der Sänger deutete und inbrünstig verkündete: »Das soll mein Freund werden!« Ich war hin und weg. Die kindliche Schwärmerei, die bisher meine Liebe für Boygroups ausgemacht hatte, transformierte zu einem ausgewachsenen Teenie-Crush, der sich mit dem Konzert in England, zu dem wir dann auch gemeinsam flogen, nur noch verfestigen sollte. Ich konnte nicht mal den Bandnamen richtig aussprechen (meine Freundinnen und ich sprachen es immer irgendwie französisch aus, »Damagé«, statt englisch), war aber davon überzeugt, diesen Typen zu heiraten.

Bella, die etwas älter und gerissener war als der Rest unserer Gruppe, fand kurze Zeit später, als wir wieder zurück in Berlin waren, heraus, dass Damage bald in Deutschland einen Auftritt bei RTL haben würden. Wir sind also hin und standen dann verschüchtert vor dem Studio herum. Und tatsächlich trafen wir die Band und kamen mit ihr ins Gespräch. Und nicht nur das: Wir MOCHTEN uns sogar!

Am Ende des Tages hatten wir eine Einladung von Damage persönlich, sie auf ihrer Clubtour zu besuchen. Der Traum eines jeden Fangirls wurde für mich tatsächlich wahr, denn ich besuchte nicht nur meinen Crush auf seinem Konzert, sondern hielt darüber hinaus Kontakt zu ihm.

Warum erzähle ich das alles? Ich erkläre es euch. Diese Lektion lautet: »Erkenne deine Superpower.« Meine Superpower war und ist bis heute mein Fantum, über alle Steps meiner Karriere hinweg. Klar, ich war »nur« ein kleines Mädchen, das Boygroups toll fand. Aber die Wurzel, aus der diese Leidenschaft überhaupt erst sprießen konnte, war die Liebe zur Musik. Ich liebte Musik schon immer abgöttisch. So sehr, dass ich um jeden Preis Teil davon werden wollte. Als Kind und Jugendliche war mein Zugang zur Musikwelt eben meine Fan-Liebe. Zu den Shows zu gehen, alles über die Interpret*innen zu erfahren, ihnen nahe zu kommen – das bedeutete alles im Grunde eigentlich, der Musik nahe zu kommen. Diese unbekannte, shiny Welt zu berühren, die so ganz anders war als mein Zuhause. Popshows waren pompös, glamourös, extravagant, fun und leichtfüßig – also anders als alles, was mich sonst umgab am Halleschen Tor, in den vier Wänden meines destruktiven Zuhauses. Die Typen mit den Igelfrisuren und zerrissenen Jeans waren eigentlich nur ein Nebenprodukt. Des Pudels Kern war die Musik und das Versprechen, das sie barg.

Auch heute, viele Jahrzehnte später, ist es dieselbe Leidenschaft von damals, die mich als Promoterin so gut macht. Mein bestes Feedback habe ich in Meetings bekommen, in denen ich klar zeigte, dass ich Fan bin. Nichts mit professioneller Zurückhaltung, nichts *mit too cool for school*. Die Managements fanden mich deswegen sympathisch, weil ich mit Haut und Haaren investiert war. Wir hatten eine gemeinsame Vision.

Mehr oder weniger frisch bei *Sony*, hatte ich mal ein wichtiges Meeting mit dem Management von Adele, bei dem es um die Organisation einer Listening-Session für ihr Album »30« ging. Bei diesem Meeting habe ich erst mal eine Viertelstunde lang erklärt, was für ein Meisterwerk das Album für mich sei, welcher Song bei mir was auslöse und wie ich diese Musik am besten vermarktet sähe. Später sagte ein Kollege zu mir: »Krass, dass du dich so vorgetraut hast, obwohl Adele kein Rap ist!« Dabei arbeite ich als Head of Promotion bei *Sony* schon lange nicht mehr nur mit Rapmusik und Rap-Artists.

Meine Leidenschaft, mein offen ausgetragenes Fantum, ist der Grund, warum ich nicht nur auf eine Sache beschränkt bin. Ich feiere aufrichtig, mit Herz, selbst, wenn das Drumherum mir unbekannt sein sollte. Ich komme von der Straße und nicht aus einer glossy Popwelt. Aber mein Fantum macht es mir möglich, mich in alles reinzufühlen und die jeweils beste Strategie für jeden Artist herausfinden zu wollen. Ich bin mit meiner Superpower in dieses Meeting reingegangen und bekam danach das beste Feedback von meinem Chef, das ich je bekommen habe.

Sollte heutzutage jemand mein Fantum gegen mich verwenden, kann ich nur lächeln. Denn ich weiß, dass es eine Stärke ist. Warum ist das Wort »Fangirl« überhaupt ein Schimpfwort? Sorry, dass ich etwas cool finde?! Ich plädiere stark für eine Revolution des Wortes »Fangirl« und dessen Bewertung. Denn Fangirl-Sein ist, wie gesagt, eine Superpower, die mir als einer in der Musikindustrie arbeitenden Person viele Vorteile verschafft: Als Fan weiß ich, was andere Fans wollen. Das ist praktisch, wenn man Musik promoten und möglichst viele Menschen erreichen will. Genauso funktioniert es auch umgekehrt: Wenn ich Fan bin und etwas scheiße finde, werde ich auch wissen, was nicht ankommt bei den anderen Fans. Wieso sollte ich mich für diese Expertise schämen? Sie ist der Key meines Erfolgs.

Ich habe viele Eigenschaften an mir entdeckt und Erfahrungen gesammelt, die mir heute manchmal unangenehm sind. Mein Fantum gehört nicht dazu. Es ist absolut nichts, was Angriffsfläche bietet. Das ist *echtes* Selbstbewusstsein. Mich verletzt vieles – aber nicht das.

Früher war das anders. Als ich angefangen habe, mit Rappern zu arbeiten, habe ich mich häufig davor gescheut, ihnen gegenüber offen zu sagen oder zu zeigen, dass ich Fan von ihnen bin. Aber wisst ihr was? Meiner Erfahrung nach – und ich habe mit so gut wie jedem Deutschrap-Artist der letzten 20 Jahre gearbeitet – hat sich noch nie ein Künstler oder eine Künstlerin *nicht* darüber gefreut, wenn ich zugegeben habe, dass ich ihn oder sie toll finde. Die fanden das immer geil. Also begann ich mich zu fragen: Wovor schäme ich mich eigentlich? Was ist das für eine Gesellschaft, in der man sich verstecken soll, wenn man etwas liebt? Ich sag's euch: eine, auf die ich verzichten kann.

Mein Fantum war auch eine Flucht für mich. Es hat mich gerettet auf vielerlei Weise. Die Welt der Boy- und Girlgroups war eine heile Welt, voller glitzernder, schöner Dinge und unendlichem Spaß. Das Gegenteil von dem, was mein Zuhause für mich bedeutete. Ich erinnere mich, wie ich mich manchmal komplett darin verlor, meinen Ordner mit Postern, Postkarten und ausgeschnittenen Fotoschnipseln durchzublättern, umzuorganisieren und Neues hinzuzufügen, und dann von den Schreien meiner Mutter oder meiner Schwester, die gerade mal wieder mit dem Gürtel von meinem Vater verprügelt wurden, aus meiner Trance gerissen wurde. Ich konnte richtiggehend versinken in der Welt, die sich zwischen den Pappdeckeln meines A4-Ordners verbarg, und in der nie jemand mit Selbstmord drohte, grün und blau geschlagen wurde oder seiner Mutter beim Putzen helfen gehen musste, damit die die Spielschulden oder Drogen der anderen Familienmitglieder bezahlen konnte.

Dank meines Fantums wurde diese heile Welt zu meiner wirklichen Welt. Und hat mich dazu motiviert, eine Karriere in der Musikindustrie anzustreben. Ich weiß noch, wie ich meinen Kolleginnen und Kollegen bei Pizza Hut verkündete, nachdem ich mal wieder von einem Konzertrip zurückgekommen war, dass ich später mal in der Musikindustrie arbeiten würde. Keine Ahnung, wie, keine Ahnung, als was genau, aber das sollte meine Welt werden und ich ein Teil davon. Damals wurde ich natürlich noch ausgelacht, denn meine Zukunftsperspektive war zugegebenermaßen nicht besonders gut. Die Odds standen eher gegen mich. Aber irgendetwas in mir, ein Gefühl, sagte mir, dass ich es trotzdem schaffen würde. Ich brannte dafür. Und ich habe schlussendlich alles gegeben, meine geistige Gesundheit inklusive, um meinen Traum zu erfüllen. Und manchmal bin ich sogar stolz darauf.

Deine Superpower birgt das Potenzial in sich, zu viel mehr werden zu können als das, was sie auf den ersten Blick zu sein scheint. Sie hat transformative Kräfte. Sie ist eine Energie, die andere Dinge anstoßen kann.

Conny, mit der ich meine Firma *Musicism & Cinelove* gegründet hatte, war zum Beispiel eher introvertiert. Damals konnte ich das nicht verstehen. Ich wollte, dass sie sich auch groß macht, schreit, den Raum einnimmt – so wie ich. Aber sie war so nicht. Ich habe Zeit gebraucht, um zu merken, dass es genau richtig war, wie sie ist. Ihre Superpower war eine andere als meine. Ihre Zurückhaltung ermöglichte ihr einen weitsichtigen Blick, ein besseres Verständnis für Details und mehr Ratio, während ich superemotional und laut an die Sachen heranging. Es war gut, dass wir so unterschiedlich waren.

Es gibt da ein spanisches Sprichwort, an das ich denken muss: »Zwei große Redner werden nicht weit zusammen reisen.« Unsere Unterschiede sind es, die uns besser machen. Jede*r hat eine Superpower. Man muss nur herausfinden – *ehrlich* herausfinden –, welche das ist.

Es ist einer der wichtigsten Ratschläge, den ich allen jungen Menschen heutzutage mitgebe: Finde deine Superpower und guck dabei nicht zu doll nach links und rechts. Was dein Kollege, deine Chefin oder Freundin ausmacht, muss nicht unbedingt auch dein Ding sein. Du kannst auf ganz andere Art und Weise gewinnen und Eindruck machen. Du musst nur herausfinden, auf welches Pferd du setzt.

Ich konnte nie an den fetten Tischen im *Borchardt* oder *Grill Royal* sitzen und netzwerken. Ich hatte kein Geld dafür und auch nicht die sozialen Skills und Kapazitäten. Ich hatte einen Scheiß, um meinen beruflichen Erfolg zu flexen, als er dann kam. Zu demonstrieren, dass man unbedingt mit mir arbeiten sollte, wenn man wollte, dass ein Produkt erfolgreich würde, konnte ich nicht auf diese Weise erreichen. Das Einzige, was ich hatte, war meine Leidenschaft, mein Wille und meine Liebe, weil ich aus der Perspektive eines Fans arbeitete. Das machte Eindruck bei den Artists. Am Ende war es dann auch egal, wie schlecht »die Industrie« über mich sprach – und das tat sie. Aber zu diesem Kapitel kommen wir noch. Ich wusste: Solange die Artists mich mögen und zufrieden mit mir und meiner Arbeit sind, werde ich gebucht werden. Das verlieh mir Selbstbewusstsein und Sicherheit. Alles dank meiner Superpower.

So stelle ich auch heute meine Teams auf: Jede*r hat seine oder ihre Expertise, Superpower, die ihn oder sie stark macht und das Team gleich mit.

Ich möchte dieses Kapitel mit einem Full-Circle-Moment abschließen, in dem sich die kleine Marina und die Bossin Marina einen metaphorischen High Five geben konnten. Denn wie es das Schicksal so wollte, sollte ich 17 Jahre, nachdem ich bibbernd (vor Kälte) und zitternd (vor Aufregung) die Backstreet Boys vor ihrem Hotel getroffen hatte, wieder eine Hotellobby betreten, das Herz bis zum Anschlag klopfend. Inzwischen war ich die Promoterin der Backstreet Boys, und ich hatte es eilig. Eine Presseagentur machte Stress, weil sie früher als die anderen Pressevertreter*innen ihren Interviewslot haben wollte, der Interviewplan sah aber anders aus. Mit meinem AAA-Pass in der einen und meinem Handy in der anderen Hand, betrat ich den Eingang des Marriott Hotels und bahnte mir den Weg vorbei an dem abgesperrten Bereich der Fans Richtung Lobby, da hörte ich plötzlich eine aufgebrachte Stimme keifen: »Hey! Du kannst da nicht einfach durchlaufen!« Genervt drehte ich mich um. Ich hatte keine Zeit für Rumdiskutiererei und irgendwelche Leute, die mir mal wieder nicht zutrauten, hier eine Rolle zu spielen. Ich blickte der Person ins Gesicht – und blieb ruckartig stehen. Wir starrten uns gegenseitig an. »Stell dich hinter die Absperrung und warte wie alle anderen auch!« Es war eine unserer ehemaligen Rivalinnen von damals und sie war nach wie vor da, um ihrer Lieblingsband zu begegnen. Und sie nahm an, dass auch ich nach wie vor als Superfan hier sei. Einem Teil von mir weitete sich das Herz. Nach all den Jahren hatte sie immer noch die Leidenschaft und Liebe wie damals, als wir 15 waren. Aber ein anderer Teil in mir konnte nicht umhin, das Kinn ein bisschen höher zu recken und ihr wortlos meinen AAA-Pass vors Gesicht zu halten, um dann gen Lobby zu verschwinden. Ich hatte es geschafft. Ich war jetzt *official* und arbeitete sogar für die Band, war Teil ihres Kosmos' geworden, so wie ich es damals angekündigt hatte.

Der Stress mit der Presseagentur, dem Management und mein knurrender Magen, der an solchen Promotagen meistens erst sehr spät gefüllt wird, fühlten sich plötzlich weniger dramatisch an. Ich war stolz auf mich. Und damit kommen wir direkt zu Lektion Nummer fünf.

Lektion 5:

Sei dein größter Fan

Wie ich so an meinem brühheißen Morgenkaffee nippe, den Rücken entspannt gegen den Küchencounter gelehnt, schimmert mir mein Gesicht gold entgegen. Überall prallt es von den Wänden ab, begegnet mir links und rechts und strahlt mich an. Ich betrachte es. Wie Narziss, der Stunden fasziniert vor seinem Spiegelbild verbringen konnte, starre ich auf meine Gesichtszüge, die mir da entgegenglänzen. Nur, dass die sich nicht in der Wasseroberfläche einer Quelle spiegeln, sondern auf der geriffelten Oberfläche einer goldenen Schallplatte. Kool Savas' »Märtyrer«. Und auf der Oberfläche meines Kaffees, aber die ist schwarz und nicht golden. Ich puste vorsichtig in die Tasse und mein Spiegelbild verschwindet in den kleinen Wellen, die mein Atem verursacht. »Gold Award verliehen an *Musicism & Cinelove* für mehr als 100 000 verkaufte Alben«, steht da auf der kleinen, rechteckigen Plakette unter der runden Goldscheibe. Vor etwa zehn Jahren bekamen Conny und ich unsere »Märtyrer«-Platte verliehen. Ich kann mich noch genau daran erinnern. Das Label hatte eine Party organisiert mit Bühne, Drinks und allem. Jeder und jede Einzelne, der oder die eine Platte bekommen sollte, wurde namentlich aufgerufen und durfte sich dann die riesige A3 gerahmte Auszeichnung auf der Bühne abholen und sich feiern lassen. Die Augen glänzten. Ich konnte sehen, wie sich alle aufrichtig freuten. Man war ein Team, man gehörte zusammen und hatte so Unglaubliches erreicht. Das war ein unbeschreibliches Gefühl. Das auch noch mit einer Platte *des* Künstlers erleben zu dürfen, dessen Lyrics ich mir habe tätowieren lassen, weil er in meiner Jugend so viel Einfluss auf mich hatte –, das war ein weiterer wahnsinniger Full-Circle-Moment.

Kennt ihr diesen Moment, wenn in US-amerikanischen Highschool-Filmen Prom Night gefeiert wird und plötzlich in Zeitlupe die Prom Queen im Konfettiregen ihre Krone aufgesetzt bekommt und alles zu einem einzigen Wirbel aus Farben, Licht und blitzenden Zahnreihen verschmilzt? So in etwa fühlte sich das damals an. Dieser Abend war wortwörtlich goldwert für mich.

Ich weiß nicht mehr, wann ich meine allererste Goldene Schallplatte bekam und welche es war. Inzwischen müssten es um die 30 Stück sein, die an meinen Wänden hängen und sich auf dem Boden und teilweise im Keller stapeln. In meiner Wohnung ist einfach nicht genug Platz für sie alle. Die ein oder andere Platin-Platte und Dreifach- oder Fünffach-Goldene sind auch dabei … Sogar eine Diamant-Auszeichnung trägt meinen Namen auf der Plakette, und für Lil Nas Xs Single »Old Town Road« bekam ich eine goldene Pferdchen-Statue geschenkt, meinen Namen auf dem Sockel eingraviert.

Auch wenn jede einzelne Platte eine besondere Auszeichnung für mich ist, bedeuten mir einige besonders viel. Neben der »Märtyrer«-Platte zum Beispiel auch die Capo-Goldene, die wir bei *Musicism & Cinelove* für »Lambo Diablo« bekommen haben. Capo war mit seinem ersten Album »Hallo Monaco« seiner Zeit so weit voraus gewesen! Uns war immer schon klar gewesen, wie wichtig dieses Album war, aber die Welt schien gegen uns zu sein. Diese Goldene bestätigte uns, dass wir alles richtig gemacht hatten und Capo endlich als mehr angesehen wurde als »Haftbefehls kleiner Bruder«. Wir waren offiziell etabliert.

Als Sero mit seiner Single »Temperamento« Gold ging, war ich ebenfalls extrem emotional. Ich war nämlich nicht nur seine Promoterin, sondern auch seine Managerin und hatte wirklich alles gegeben für dieses Projekt. Wir waren ein kleines Team, und wir hatten uns immer wie Underdogs gefühlt, denn das waren wir auch. Wir hatten keine riesige Unterstützung und Rückenwind aus der Szene. Aber am Ende haben wir doch gewonnen. Diese Goldene war die ultimative Bestätigung, dass sich all der Hustle gelohnt hatte.

Als ich nicht auf Jujus Goldparty für ihre »Vermissen«-Single gehen konnte, weil ich krank war, war ich *heartbroken*. Ich habe mich so für sie gefreut, denn wie ich ist auch Juju ein Hustler aus Berlins Problembezirken, die sich als Frau in dieser Branche gegen alle durchgeboxt hat. Gegen so viel Hate, mit anfangs wenig Support aus der Szene, alles DIY. Es bedeutete mir viel, sie gewinnen zu sehen und Teil von diesem Erfolg zu sein. Jujus Platte hängt heute direkt neben meiner »Märtyrer«-Platte an der Wand und strahlt mich an, wenn morgens die Sonne durch mein Küchenfenster blinzelt und das Metall zum Leuchten bringt.

Goldene Schallplatten haben eine besondere Symbolkraft. Allgemein, aber vor allem für mich persönlich. Ich erinnere mich, wie hart ich für sie kämpfen musste. Promoter*innen wurden nämlich selten bedacht bei Goldauszeichnungen. Und manche Labels verliehen prinzipiell keine Exemplare an Externe – egal wie viel sie in das Projekt gesteckt und an dessen Erfolg mitgewirkt hatten. Ich habe das nicht weiter infrage gestellt, auch wenn ich die Unterscheidung zwischen Radio- und Online-PR – Radio-Promoter wurden nämlich doch bedacht – nicht gerechtfertigt fand, aber gut. Das war nun mal die Regel. Die Dinger kosten ja auch ganz schön was. In Deutschland müssen die Labels im Gegensatz zu den USA die goldenen Platten selbst finanzieren, die sie an die Mitwirkenden herausgeben.

An dieser Stelle ist vielleicht ein kurzer Exkurs in die Historie der Goldenen Schallplatte angebracht: Eine Goldene Schallplatte ist in der Musikindustrie ein Preis, der an die Mitwirkenden eines Albums oder einer Single vergeben wird, das oder die eine bestimmte Anzahl an Einheiten verkaufen konnte. Diese Zahl hat sich im Laufe der Zeit geändert, da Streaming immer mehr an Relevanz gewann und zunehmend die physischen Verkäufe verdrängte. Während man früher 250 000 verkaufte Einheiten brauchte, damit ein Album Gold ging, sind es heute nur noch 100 000.

Wer alles bei einer Goldverleihung ein Exemplar bekommt, ist unterschiedlich. Selbstverständlich bekommen alle, die am musikalischen Entstehungsprozess teilgenommen haben (also der oder die Artist, die Produzent*innen, Komponist*innen sowie Songwriter*innen) ein Exemplar. Aber auch die, die im Hintergrund dafür gesorgt haben, dass die Platte so hohe Verkaufszahlen verbuchen konnte, werden häufig bedacht. Managements, A&Rs, sogar Musikvideoproduzent*innen, Kreativdirektor*innen, Grafiker*innen – und eben auch Promoter*innen.

Die Idee der Goldenen Schallplatte geht auf die Plattenfirma *American Record Corporation* zurück, deren Vorstand gegen Ende des Jahres 1931 dem Countrysänger und Schauspieler Gene Autry öffentlich eine mit Gold überzogene Kopie seiner Single »That Silver Haired Daddy of Mine« überreichte, nachdem diese über 500 000-mal verkauft worden war. Etwa zehn Jahre später, 1942, bekam Swing- und Jazzlegende Glenn Miller während einer Radiosendung eine Goldene Schallplatte überreicht von seiner Plattenfirma *RCA Victor* für den Verkauf von über 1,2 Millionen Exemplaren von »Chattanooga Choo Choo«.

Damit war eine neue und heiß begehrte Musikauszeichnung geboren. Ein neues Objekt der Sehnsucht, ein Versprechen, ein Vermächtnis, überzogen von schimmerndem, reflektierendem schönstem Edelmetall, das vielen mehr wert ist, als jeder andere Musikpreis. Eine Goldene Schallplatte ist die ultimative Versinnbildlichung, dass man es geschafft hat. Dass man gesehen – und natürlich gehört – wird. Wenn 40 Jahre später der Applaus vor der Bühne verebbt ist und der Beat schon lange nicht mehr läuft, kann man sie ansehen und sich daran erinnern, wie das damals so war. Dass man ein Star war, immer noch ist und für immer bleibt. Sie macht ein Gefühl greif- und konservierbar. Sie ist ein Traum zum Anfassen und Ansehen. Für mich bedeutet sie das definitiv.

Aber häufig waren für mich die Goldverleihungen mit Bitterkeit verbunden. Es gab Fotocalls, wo alle, die eine Platte ausgehändigt bekommen sollten, als Gruppe posierten – und ich nicht mal gefragt wurde, ob ich auch käme, obwohl ich mir monatelang für das Projekt den Arsch aufgerissen hatte. Am Ende sah ich dann auf dem Bild einen Produktmanager grinsen, der gerade mal zwei Wochen an dem Thema gearbeitet hatte.

Lange Zeit habe ich das einfach geschluckt und nichts gesagt. Ich wollte mich nicht wichtigmachen, und wenn die anderen meinen Beitrag nicht wahrnahmen, dann konnte ich das wohl nicht ändern. Manchmal frage ich mich heute, warum ich mich nicht früher getraut habe, etwas zu sagen, obwohl ich die Antwort darauf weiß: Weil ich immer Angst hatte, abschätzige Blicke zu kassieren, gefolgt von einem: »Wer denkst du eigentlich, wer du bist?«

Also sagte ich ewig nichts. Bis ich irgendwann zu der Erkenntnis kam: Wenn du deine Erfolge, dein Licht immer unter den Scheffel stellst, dann tun das die anderen auch. Ich hatte mich sehr lange extrem zurückgehalten, wenn es darum ging, nach außen zu tragen, was ich geleistet hatte, welche Artists ich betreute und welche Deals ich für sie klargemacht hatte. Sehr lange hatte ich nicht einmal eine Website, auf der ich meine Arbeit präsentierte! Und gleichzeitig habe ich mich idiotischerweise trotzdem geärgert, dass viele Leute nicht wussten, was ich eigentlich alles machte. Klar, viele kannten mich bereits als »Die Marina«, die man zu fragen hat, wenn es um Rap geht. Aber dass ich neben Haftbefehl, XATAR und SXTN auch Nick Cave oder Kate Bush promotete, wussten die wenigsten.

Lange Zeit gab ich auch sehr ungern Interviews, teilte kaum etwas auf Social Media und besuchte selten Panels. Ich wollte mich nicht in den Vordergrund spielen, wollte nicht den Anschein erwecken, ich würde mich mit den Artists schmücken oder mich wichtigmachen wollen. So sehr ich Fan von meinen Artists war und kein Problem hatte, ihnen das zu zeigen, wollte ich doch nicht als Fangirl wahrgenommen werden – eine Angst, unter der männliche Promoter oder Manager nie zu leiden schienen. Die zeigten sich selbstbewusst mit den Artists und ihren Erfolgen und bekamen so natürlich auch selbst mehr Shine ab, während ich mich im Schatten herumdrückte.

Das hatte vor allem jedoch *einen* Grund: Ich war kein Fan von mir selbst. Aber – und hier kommen wir zur Lektion dieses Kapitels – das ist kompletter Bullshit. Du musst dein größter Fan sein, um wahrgenommen zu werden. Denn wenn du kein Fan von dir selbst bist, wie sollen es dann andere werden?

Dass es mir über große Strecken meiner Karriere schwerfiel, Fan von mir selbst zu sein und das auch nach außen zu tragen, hatte mehrere Gründe. Wie vorhin schon angeschnitten, spielte Misogynie eine Rolle. »Fangirl« ist in der Szene ein Schimpfwort, während »Fanboy« lange nicht einmal als Begriff existierte (danke an Fler an dieser Stelle, der das 2019 geändert hat). Frauen, die sich in der Nähe von berühmten Männern aufhalten – ob beruflich oder privat – werden schnell niedere Absichten vorgeworfen, während

Männer sämtliche Tropfen Speichel auflecken können, ohne auch nur einen schiefen Blick dafür zu riskieren.

Man muss als Frau aufpassen, wie man rüberkommt – generell, aber noch mal verstärkt, wenn man sich in einer männerdominierten Branche aufhält. Als ich in den Nullerjahren begann in der Musikindustrie zu arbeiten, gab es hier wenige Frauen, besonders im Rap-Genre. Kaete und ich waren einige der Ersten. Der Status »Pionierin« kann schmeichelhaft sein. Man ist etwas Besonderes, eine Seltenheit. Es verschafft einem eine gewisse Aufmerksamkeit. Einerseits. Andererseits ist da aber auch dieses Gefühl, fehlerfrei sein zu müssen, um die eigene Anwesenheit zu rechtfertigen. Denn wenn man scheitert, scheitert man nicht nur persönlich, sondern gilt außerdem noch als Beweis dafür, dass Mädchen es halt doch nicht können. Als Pionierin ist man nun mal auch die Erste, die Fehler macht, aus der die nachfolgenden Generationen lernen können. Man wird für Dinge kritisiert, die später obsolet werden. Dinge, die für die »Ersten« als kontrovers galten, sind es wenige Jahre später häufig nicht mehr. Strukturen müssen erst mal aufgebaut werden, von denen dann die nachfolgenden Generationen profitieren und sich diese Arbeit ersparen können. Es heißt nicht umsonst Pionier-ARBEIT.

Als Bossin trat ich deswegen, vermutlich eher unbewusst, »unweiblich« auf – das war ein Vorteil. Ich war laut, angstfrei, nahm Raum ein und konnte aggressiv werden, wenn es sein musste. Alles Eigenschaften, die man historisch Frauen eher abgesprochen oder negativ auslegt hat – was natürlich beides Blödsinn ist. Ich tat dies, weil ein Teil von mir wirklich so war. Die Bossin war keine Erfindung, kein Charakter, den ich spielte. Sie war real, eine Facette von mir. Aber eben nur eine. Die anderen traute ich mich kaum zu zeigen. Auch, weil ich nicht als »weiblich« wahrgenommen werden wollte. Das wurde ich aufgrund meines Aussehens aber ohnehin nicht, und damit kommen wir zum zweiten wichtigen Punkt, warum es mir lange so schwerfiel, Fan von mir selbst zu sein: Ich hasste, wie ich aussah.

Es begann schon in meiner Kindheit. Meine Mutter pflegte immer zu sagen: »Deine Schwester ist die Schöne, du bist die Kluge.« Familienfeste liefen selten ab, ohne dass ab einem gewissen Zeitpunkt mein Gewicht bemängelt oder mir diverse Ratschläge erteilt wurden, wie ich meine Attraktivität Männern gegenüber steigern könnte. Aber ungefragt ist jeder Ratschlag ein Schlag, besonders, wenn es um solch ein sensibles Thema geht und man ein junges Mädchen ist. Ich entwickelte früh Komplexe wegen meines Aussehens. Meine Nase, meine Größe, mein Gewicht – es gab kaum einen Teil von mir, den ich nicht lernte zu verabscheuen und den Blick schamhaft von ihm zu wenden.

Das hatte zwei Konsequenzen. Die erste, durchaus auch positive, war: Ich begann mich auf mein Können zu verlassen und daran zu arbeiten. Wenn ich in einen Raum kam, schauten sich nicht alle um. Ich musste also über meine Persönlichkeit und mein Können auffallen. Das war in gewisser Hinsicht ein Bonus. Ich glaube – ohne jemandem auf die Füße treten zu wollen –, ich hätte den Job, wie ich ihn gemacht habe, nicht machen können, wenn ich eine schlanke Blondine mit großen Brüsten gewesen wäre. Nicht damals. Man konnte mich nicht auf mein Aussehen reduzieren. Ich war zu sehr out of dieser Box, sodass es nie mein Gender war, nach dem ich be- und abgewertet werden konnte.

In beruflicher Hinsicht war meine mangelnde Attraktivität also sogar manchmal ein Segen. Viele Jahre habe ich deswegen auch Sexismus nicht vollumfänglich verstanden. Ich dachte immer: *Mir ist das nicht passiert, also existiert es nicht.* Ich wurde nicht von ekligen Managern oder Artists angebaggert im Büro, bei Partys oder Interviewterminen. Also fiel es mir schwer, anderen zu glauben, die das schilderten. Als ich solche Situationen dann bei Kolleginnen, die sehr gut aussehend waren, selbst beobachten konnte, als ich sah, wie ihr Können immer zweitrangig wahrgenommen wurde, entwickelte ich Empathie dafür, wie das wohl sein musste.

Als ich ein Interview mit Kaete für den *Spiegel* gab, sagte sie den Satz: »Zuerst wollten mich alle bumsen.« Da war ich verwirrt. Krass. Kenn ich gar nicht. Mich wollte ganz sicher nie irgendwer bumsen und ich wurde nie sexuell belästigt. Das ist natürlich gut für mich, aber es hat mich auch von anderen Frauen im Game entfernt. Ich konnte nicht mit ihnen relaten und sie nicht mit mir. Sie haben mich nicht als Equal wahrgenommen und fühlten sich nicht wohl mit mir, mit meinem lauten Mundwerk und teilweise aggressiven Auftreten.

Ich verstand ihre Wut nicht und sie nicht die meine. Dabei war unser beider Wut gerechtfertigt und entsprang derselben Quelle: strukturellem Sexismus. Es waren zwei Seiten derselben Medaille.

Das führte alles dazu, dass in der Rap-Szene selten mein Können, meine Intelligenz oder mein Businessdrive kritisiert wurden, wenn man mich verletzen wollte. Einmal saß ich bei einer Battleveranstaltung namens »Rap Tags« in der Jury. Wenn ich im Zuge der Show Rapper kritisiert habe, dann lauteten die Kommentare unter den Videos nie (wie bei anderen Frauen): »Ja was weiß die denn schon?!« Nie. Meine Kompetenz wurde nie angezweifelt. Aber was angegangen wurde, war mein Aussehen. Fans ereiferten sich, wie hässlich ich sei. Es kam auch schon mal vor, dass ein Artist mir »Tipps« gab, welche Schönheitsoperationen ich vornehmen könnte.

Und da kommen wir zur zweiten Konsequenz meines mangelnden guten Aussehens: Ich traute mir gewisse Jobs nicht zu. Eigentlich hätte ich gerne auch selbst mehr im Vordergrund stattgefunden. Ich hätte mir sehr gut vorstellen können, ein Interviewformat zu moderieren oder anderweitigen Content vor der Kamera zu drehen. Das war eine Art von Kreativität, die ich gerne ausgelebt hätte. Aber das war für mich keine Option. Meine Angst vor den Kommentaren, vor der Ablehnung, war zu groß. Ich kannte sie schon von meiner Familie und wenn ich doch alle Jubeljahre mal irgendwo sichtbar wurde. Ich mied Interviews, Panels, Partys, weil ich mich nicht sichtbar und damit angreifbar machen wollte. Mein Aussehen hat meine sozialen Ängste, die ich eh schon hatte aufgrund meines Aufwachsens, noch mal befeuert.

Als ich als Gast zum Podcast von Tierstar eingeladen wurde, sprach ich unter anderem auch über die Drogensucht meiner Schwester. Im Anschluss las ich, wie Männer unter dem Video kommentierten: »Die sieht aber auch aus, als hätte sie nicht ›Nein‹ zu Drogen gesagt.« Selbst mit über

40 Jahren verletzen mich solche Kommentare noch – auch wenn es mich heute eher wütend als traurig macht. Die kleine Marina in mir, die immer schon zu Hause gesagt bekommen hat, dass sie nicht hübsch genug sei, die trifft das.

Mein Aussehen schützte mich also in gewisser Hinsicht in meinem beruflichen Leben, aber es schränkte mich auch ein. Ich traute mir gewisse Dinge nicht zu und verschwendete unfassbar viel Zeit und Nerven, um über gewisse potenzielle Situationen nachzudenken, über die jemand »Normschönes« niemals nachdenken würde. So etwas besetzt Brainpower, die man eigentlich für etwas anderes nutzen könnte. Und irgendwann beschloss ich, drauf zu scheißen. Ich musste anfangen, mich zu zeigen, raus aus dem Schatten, rein in das Licht, in das ich mich so hart hochgekämpft hatte. Ich habe es verdient, hier zu sein. Sein eigener Fan zu sein, ist nicht immer leicht. Aber es ist so fucking wichtig.

Deswegen: Teile jedes deiner Highlights, promote dich selbst, sei dein größter Fan. Du machst damit nämlich nicht nur dich selbst sichtbar, sondern wirst auch ein Leuchtturm für andere, die nicht so viel Sichtbarkeit erfahren, weil sie sich aus welchen Gründen auch immer verstecken.

Es ist erwiesen, dass sich an Unis Studentinnen häufiger melden, wenn eine Dozentin den Kurs führt. Frauen unterschätzen sich und werden unterschätzt. Es ist ein toxischer Kreislauf. Ich habe mich versteckt, gab keine Interviews und ging zu keinen Speaker-Events und Panels, und deswegen wurde ich auch nicht mehr eingeladen, worüber ich mich dann wiederum ärgerte, weil ich mich eigentlich nach der

Sichtbarkeit sehnte, die ich mir in gewisser Weise selbst verwehrte. Denn wie zur Hölle sollst du gesehen werden, wenn du dich versteckst?

Seit ich das gecheckt habe, gebe ich Interviews, setze mich in Panels und Podcasts und schreibe hier sogar ein Buch über mich selbst! Ich mache das natürlich für mich. Aber ich mache es auch, weil es für andere etwas verändern kann, jemanden wie mich gewinnen zu sehen. Wenn ich Fan von mir bin oder über mich spreche, dann werden sich andere, die sich von mir repräsentiert sehen, empowert fühlen und sich vielleicht auch ein bisschen besser akzeptieren lernen.

Es gibt nichts Radikaleres als eine Frau, die drauf scheißt, was andere von ihr denken und sich einfach fühlt. Ich möchte meine Energie nicht mehr damit verschwenden, darüber nachzudenken, was irgendein Kek über meine Nase sagen könnte, und sie stattdessen für etwas Sinnvolles nutzen: besser werden, Neues entdecken, klüger werden.

Heute sind wir viel mehr Frauen als zu Beginn der Nullerjahre, als ich anfing, in der Musikindustrie, besonders im Rap, zu arbeiten. Das liegt auch daran, dass sich Frauen wie Visa Vie, Kaete oder ich getraut haben, sich sichtbar zu machen, trotz all des diversen Bullshits, den wir dafür einstecken mussten. Wenn junge Frauen sehen, dass andere Frauen in diesen Räumen existieren und mitmischen können, dann trauen die sich selbst mehr.

Ich habe also gewissermaßen sogar eine Pflicht, mich sichtbar zu machen, mein eigener Fan zu sein. Das war schwierig, als wir noch so wenige waren. Aber ich merke: Je mehr wir werden, je mehr wir uns feiern, desto weniger kann man uns übersehen. Desto weniger kann man uns unsere Skills absprechen.

Auch heute höre ich noch Kommentare über mein Aussehen. Man traut mir manchmal immer noch nicht zu, in bestimmten Räumen stattfinden zu können, was jedoch mehr mit meiner sozialen Klasse und meinem »Rap-Hintergrund« zu tun hat. Man traut mir nicht zu, mehr sein zu können als das Assi-Schmuddelkind aus Kreuzberg mit den Assi-Rappern. Aber seit ich beschlossen habe, mein eigener Fan zu sein, gehe ich damit besser um. Mich triggert das dann trotzdem, aber ich weiß zumindest, dass es nicht an mir liegt, sondern an den Vorurteilen der Leute.

Es gab früher von Edition F ein Event, bei dem »Die 100 mächtigsten Frauen« aus Medien, Wirtschaft, Gesellschaft und Kunst gewürdigt wurden. Ich wurde nie dazu eingeladen. Ich finde, ich hätte es verdient gehabt, dort aufzutauchen. Als Frau mit Migrationshintergrund aus Berlin-Kreuzberg, die nicht mal Abitur gemacht hat und sich trotzdem eine extrem erfolgreiche eigene Firma aufbauen und zu DER Promoterin in der Männerdomäne »Deutschrap« und darüber hinaus avancieren konnte – war das nicht mächtig genug? Ich passte da aber scheinbar nicht rein. Ich glaube, weil ich mit Hiphop arbeitete. Es verletzte mich, gerade von Frauen nicht gewürdigt zu werden.

Ich fühle mich auch heute noch häufig übersehen. Alter, letztens fand ein Panel namens »She made it!« in der Firma, in der ICH arbeite, statt – ohne mich. Warum wurde ich nicht zum Sprechen eingeladen?

Es ist nun mal so: Frauen werden häufiger übersehen. Aber seit ich mein eigener Fan bin, weiß ich auch, dass ich nicht selbst Schuld an meiner Unsichtbarkeit trage. Heute denke ich in solchen Situationen: »Ich bin die Beste, also fick dich, wenn du das nicht siehst.« Und dann gehe ich raus und hole es mir anyway.

Der Poet Rumi soll einmal gesagt haben: »Die Wunde ist der Ort, an dem das Licht in dich eindringt.« Mein Aussehen war lange eine schmerzhafte Wunde für mich, und auch heute tut sie noch hier und da weh. Wobei eigentlich gar nicht mein Aussehen die Wunde war, sondern was die Menschen daraus machten. Moshtari Hilal hat 2023 ein Buch veröffentlicht, in dem sie das Konzept Hässlichkeit beleuchtet und untersucht. Darin schreibt sie einen Satz, der das Trauma, das ich durch meine Optik erfahren habe, sehr gut beschreibt: »Hässlichkeit ist alles andere als oberflächlich, sie erschüttert existenziell, fragt nach der Bedeutung von und dem Wert eines Lebens.«*

Es dauerte lange, mich zu akzeptieren und feiern zu lernen, und ich bin bei Gott noch nicht am Ziel der absoluten Selbstakzeptanz und Liebe angelangt. Ich hatte mehr als einen Nervenzusammenbruch in Zusammenhang mit dem Buchcover. Das Foto aufzunehmen, auszuwählen, dann der erste öffentliche Post … Ich tappe immer wieder in die Falle, mich selbst in Grund und Boden zu mobben, weil ich es einfach gewohnt bin. Es ist aktive Arbeit, gut zu und über sich selbst zu reden. Ich versuche es tagtäglich. Denn ich weigere mich, mich und meine Wunden vor dem Licht zu verbergen. Unsere Wunden können Teile von uns offen-

---

* Hilal, Moshtari: Hässlichkeit, Hanser 2023, S. 210.

baren, die es wert sind, gesehen zu werden, auch wenn sie nicht immer hübsch anzusehen sein sollten. Sie sind Teil unserer Geschichte und ihr könnt stolz darauf sein. Ihr MÜSST stolz darauf sein. Ihr müsst euer Fan werden.

Aber bei all dem Stolz, Fansein von sich selbst und Representen, sollten wir auch die nächste Lektion nicht vergessen …

Lektion 6:

Gutes Ego, böses Ego – kenne den Unterschied

»Schau mal, Marina, stell's dir einfach vor: Die ZEIT! Das ist ein ganz anderes Level. Das ist Establishment, intellektuelle Elite, Kaschmir-Pullis, Helmut Schmidt, Budapester Schuhe, Fischgrätparkett, Druckerschwärze an den Fingern. Ein Rapper in dem Medium, das ist doch schon ne Message an sich!« Der A&R blickt mich durchdringend an. Ich verschränke die Arme.

»Sorry, aber ich seh das einfach anders«, entgegne ich ruhig. »Also, ich check schon, was du meinst«, füge ich hastig hinzu, »Aber dieser Song passt da einfach nicht. Es wirkt deplatziert.« Nun verschränkt auch der A&R seine Arme. »Guck mal«, fahre ich fort und lege beide Handflächen auf den Tisch vor mich. »Das ist ein krasser Posse-Track mit allen möglichen Rappern drin. Der hat diesen Videopremieren-Shit gar nicht nötig. Der ist so monumental, lass ihn uns einfach auf YouTube droppen und ihn für sich selbst sprechen, fertig. Ich schwöre dir, weniger ist mehr in dem Fall.« Beim letzten Satz lasse ich meine rechte Hand noch mal geräuschvoll auf die Tischplatte knallen. Der A&R schnaubt.

»Aber Marina …« Jetzt schaltet sich sein Kollege ein. Mit einer fahrigen Bewegung justiert er die dunkelblaue Cappy neu auf seiner glänzenden Stirn. »Gerade *weil* der Track so monumental ist, sollte der ne Premiere in so einem alteingesessenen Medium bekommen. Das ist ne Ansage. Wir sind *Zeit!* Rap ist jetzt auch *Zeit,* Alter! Das wär doch krass fürs Image!«

Langsam beginnt sich eine Unruhe in mir auszubreiten. Seit einer halben Stunde diskutieren wir hier schon rum. Wenn die eh wissen, wie sie alles machen wollen, warum wurde ich dann überhaupt beauftragt, die Kampagne für dieses Projekt zu machen? Ich schlucke den Knoten, zu dem sich diese Frage in meinem Hals zusammengeknüllt hat, herunter und antworte nüchtern: »Sorry, sehe ich einfach nicht so. Ich glaube nicht, dass euch das einen Klick mehr bringt. Es wirkt konstruiert. Nicht, weil ich den Artist nicht in der *Zeit* sehe. Aber der Track … mit der Message – das fittet einfach nicht.« An dem schweren Glastisch breitet sich bleiernes Schweigen aus, während sich die Blicke, verschränkten Arme und Fronten verhärten.

Große Labels, große Männer, große Egos – natürlich kommt es da häufig zu Diskussionen, die manchmal auch sehr viel lauter und aggressiver ablaufen können als diese hier. Es gab nicht wenige Meetings, wo am Ende ich oder jemand anderes schreiend und Türen schlagend den Raum verlassen hat. Es wurden auch schon mal Drohungen und Beschimpfungen wie Giftpfeile durch die gläsernen Büros geschossen. Dieses Meeting war also eigentlich recht friedlich abgelaufen. Der Deal mit der *Zeit* ist dann tatsächlich nicht passiert. Und das Video generierte auch ohne Video-premiere innerhalb von einem Tag eine Millionen Klicks und schickte ein Raunen durch die Szene. Am Ende siegt nämlich immer die Authentizität. Ich wusste das, auch wenn die A&Rs das nicht hören wollten in diesem Meeting damals. Ich konnte mich letztendlich durchsetzen, und das war auch gut so. Am Ende bekam ich dafür aber kein: »Hey, gut, dass wir auf dich gehört haben!« Stattdessen kam mir zu Ohren: »Marina will immer nur ihr Ego durchsetzen.«

Ich hörte diesen Vorwurf nicht zum ersten Mal, auch wenn er mir selten ins Gesicht gesagt wurde. Hintenrum vernahm ich im Laufe der Jahre immer wieder, dass sich Leute über meine Durchsetzungsfähigkeit beschwerten, indem sie mein angeblich übergroßes »Ego« problematisierten. Wenn ich zu meinen Ideen und Vorstellungen stand und mich nicht davon abbringen ließ, hieß es häufig, das läge an meinem Ego. Weil ich einfach nicht »verlieren« könne. Weil es *meine* Idee sein müsse, die gepickt wird. Dabei stimmte das gar nicht.

Ich will nicht leugnen, dass ich ein Ego habe. Ein gesundes Ego ist auch nichts Schlechtes, in meinen Augen. In meinem Fall hat mir mein Vertrauen in meine Fähigkeiten, in meine Superpower auf persönlicher und beruflicher Ebene viel geholfen. Sonst hätte ich nicht mit den größten A&Rs bei den größten Labels gesessen und über die größten Rapper und deren Kampagnen diskutiert …

Offensichtlich hatte ich was drauf und ich brannte dafür. Wenn jemand eine bessere Idee hatte oder mehr Expertise als ich, war ich stets bereit, zu lernen und das bessere Konzept siegen zu lassen. Aber wenn ich wusste, dass ich recht hatte, dann gab ich nicht nach. Keine Chance. Das war Passion, kein Ego. Ich glaube, im Zusammenhang mit meinem Charakter wurde das Wort »Ego« häufig falsch verwendet. Ich bin leidenschaftlich, ja. Ich bin laut, ja. Ich kann sehr direkt und stur sein, ja. Ich habe mich deswegen im Laufe meiner Karriere mit vielen Leuten angelegt – ich will nicht bestreiten, dass es auch hitzig werden konnte, wenn ich für meine Ideen in den Kampf zog. Und dass ich oft im Eifer meiner Leidenschaft mal lauter oder ausfallender werden konnte, als es vielleicht nötig gewesen wäre. *I'll take it.* Ich bin am Ende des Tages eben auch ein Girl aus der Hood und das ist nun mal die Sprache, die ich gelernt habe. Die einzige Sprache, mit der du gehört wurdest. Mit unterwürfigem Fragen und Bitten kam man nicht sehr weit als Kind aus der Unterschicht im Kreuzberg der 90er-Jahre. Mein Vater hatte uns immer eingebläut: »Ihr müsst euch nehmen, was ihr wollt. Greift zu! Ich hatte mit 13 keine Eltern mehr und war auf mich allein gestellt. Meint ihr, ich habe es nach Deutschland geschafft, weil ich nett eingeladen wurde?« Ich glaube nach wie vor, dass man sich vor allem als Frau nicht wirklich einen Gefallen tut, wenn man sich zurücknimmt, um als weniger anstrengend wahrgenommen zu werden. Denn dir schenkt keiner etwas, nur, weil du nett bist.

Ich zog aber nicht wegen meines Egos in den Kampf, sondern weil ich für meine Vision brannte und als Fan das Beste für den Artist wollte.

Ich hatte im Laufe meiner Karriere als Selbstständige immer wieder Angst, keine Jobs mehr zu bekommen, weil die Leute vielleicht nicht mehr mit mir arbeiten wollen würden, wenn ich mal wieder kein Nein akzeptiert hatte. Ich weiß nicht mehr, wie viele Male ich aufgelöst in unser kleines Büro von *Musicism & Cinelove* gekommen bin und Conny prophezeit habe: »Sorry, Schatz, ich glaube, ich hab's verkackt. Die werden nie wieder mit uns arbeiten. Wir können dicht machen!«

Ich erinnere mich da noch an ein anderes Meeting: großer Raum, langer Tisch, die Sonne brach sich auf der polierten Glasoberfläche so hell, dass ich die Reflektion mit einer Serviette abdecken musste. Mit am Tisch saßen ein Rapper, sein Manager und der Labelchef. Es ging um die Radiotauglichkeit des Albums und, falls man das wollte, wie viel Radiopromotion Sinn machen würde im Zuge der Medienkampagne. Ich war absolut dagegen. Es handelte sich nicht gerade um ein Cro-Album. Damals, das muss so Ende der 2000er gewesen sein, waren Rapsongs im Radio noch nicht so normal wie heute. Ich erklärte dem Team also ganz neutral, dass dies kein radiotaugliches Album sei und ich die Stärken eher in anderen Bereichen sähe, auf die ich mich stattdessen konzentrieren würde. Radiowerbung ist teuer und ich fand, diesen Posten könnte man sich locker sparen und woanders besser investieren. Ich erörterte all diese Punkte ganz sachlich. Dem Labelchef gefiel das aber so gar nicht. Wie konnte ich es wagen, ihm als kleine Promoterin zu erklären, wie man dieses Album platzieren solle?! Es wurde stundenlang rumdiskutiert, geschrien, mit den Augen gerollt und Hände in die Luft geworfen. Am Ende wurden Tausende von Euros für eine Radiokampagne ausgegeben, weil ich mich zurücknahm, denn: *Marina, es geht nicht um dich! Krieg dein Ego in den Griff!* Ich hatte mir diese Kritik zu Herzen genommen und versuchte sie umzusetzen. Das Album wurde nie im Radio gespielt.

Solche Situationen machten mich wütend. Ich empfand sie als ungerecht, denn ich hatte nicht das Gefühl, extrem ego-driven zu handeln. Ich habe im Laufe meiner Karriere Beförderungen nicht bekommen, mit der Erklärung, meine Persönlichkeit, mein Ego seien zu stark. Es gibt viele Männer in der Branche, die eine ähnliche Karriere hingelegt haben wie ich – ich frage mich, wie oft *sie* diesen Vorwurf gehört haben. Bei ihnen hieß es vermutlich eher, dass sie eine starke Vision hätten, durchsetzungsfähig seien, kein Nein akzeptierten, was für Bosse! Bei mir hieß es, ich sei verbissen, ichbezogen und egoman. Die »schwierige« Frau. Denn Frauen sollen in unserer Gesellschaft eher konfliktlösend auftreten, statt ein Fass aufzumachen. Gleichzeitig sollen wir uns aber bitte selbstbewusst nehmen, was wir möchten (faire Bezahlung, Jobs, Männer), denn Frauen können heute doch alles sein und haben! Wenn wir das dann nicht schaffen, sind wir selbst schuld. Hätte man halt besser verhandeln sollen, tja, Pech gehabt. Niemand wird es dir schenken – »Hättste mal mehr gekämpft wie ein Mann«. Und gleichzeitig mag niemand wütende Frauen. Frauen, die etwas kritisieren und rebellieren, gelten oft als anstrengend. Früher deklarierte man sie dafür als Hexen, nannte sie verbittert, böse, gemein. Heute nennen wir sie Zicken, Bitches oder Mannsweiber. Sie sind schrill, überzeichnet, lächerlich in ihrer (gerechtfertigten!) Wut. Es gibt eine Studie, die festgestellt hat, dass weibliche Gesichter, die Wut ausdrücken, als feindlicher bewertet werden als männliche Gesichter mit demselben Gesichtsausdruck.

Es gibt so viele widersprüchliche Regeln, an die wir Frauen uns halten müssen, im Privaten wie im Beruflichen. Das macht es sehr schwer, es »richtig« zu machen. Wir sollen gewisse Wörter nicht sagen, nicht zu laut lachen, hohe Stimmen klängen unreif und nervig, zu viele Füllwörter und Ähms zu benutzen klinge dumm, und bitte nicht zu viel Redeanteil! Und vor allem: Nicht zu viel Ego! *Fuck. That. Shit!* Mir zittern beim Schreiben schon wieder die Finger vor Wut, wenn ich an die unzähligen Situationen denke, in denen ich mir das anhören musste.

Damals nahm ich mir die Kritik aber zeitweise sehr zu Herzen und hinterfragte mich. War ich wirklich zu verbissen, ging es mir tatsächlich eigentlich um mich und nicht um die Sache? Ich versuchte mich zu verändern, aber irgendwann wurde mir klar, die Antwort war: nein. Es war nicht mein Ego.

In wie vielen Gold-Award-Postings war ich nie genannt worden? Zu wie vielen Events war ich nicht eingeladen worden, obwohl ich mir den Arsch aufgerissen hatte für das Projekt? Und wie oft habe ich nichts dazu gesagt und es einfach geschluckt? Wie oft hatte ich mich zurückgezogen, den Buhmann gegeben, damit der Künstler seine Ruhe haben konnte, und niemals ein Danke dafür erwartet? Fuck Ego! Wenn ich passioniert an einem Projekt arbeite und intense bin, dann ist das nicht Zeugnis eines aufgeblasenen Egos, das es zu streicheln gilt, egal, ob die Idee gut war oder nicht – sondern Leidenschaft!

Ja, ich habe eine starke Persönlichkeit und ich bin fucking stolz drauf. Heute weigere ich mich, meine Passion als etwas Negatives wahrzunehmen und mich diesbezüglich zu ändern.

Mir wurde wegen meines Egos auch abgesprochen, eine Teamplayerin sein zu können. Was wirklich nicht stimmt. Ich war nie ein Kolleg*innenschwein. Ich liebe es, andere zu pushen und nach vorn zu stellen. Aber ich darf auch flexen, was ich kann und weiß, ohne dafür als Egoschwein hingestellt zu werden.

Mein Ego und mein innerer Boss waren die Beschützer der kleinen Marina, die sich hasste. Mein Vertrauen in meine berufliche Expertise war das Einzige, was mir lange Zeit Selbstbewusstsein gegeben hat. Aka mein Ego. Mein Glaube an meine Skills und mein Wissen schützte mich davor, mir keinen Scheiß einreden zu lassen. Ja, ich war eine Bossin. Aber wieso sollte man nicht beides sein können? Eine Bossin, die für sich selbst einsteht, ihr eigener Fan ist und für ihre Visionen kämpft UND gleichzeitig im Team floriert, andere pusht und ihnen gönnt? Ich bin mir sicher, dass das geht. Nein, ich bin mir nicht nur sicher – ich *weiß* es!

Ich habe mein Ego immer als Felsen betrachtet, und ich finde: Nur schlecht ist das nicht. Es hat mir sehr wohl geholfen, einen festen Glauben an meine Skills zu haben. In gewissen Punkten hart zu sein und deswegen Schläge abwehren zu können, ist gut. Es ist wichtig, sich zu schützen, damit diese grausame Welt dich nicht komplett hopsnehmen kann. Aber wenn das Ego nur sich selbst dient, dich hart macht um des Hartseins willen, schränkt es dich mehr ein, als dass es dich nährt. Lerne also zu unterscheiden, wo das gute Ego aufhört und wo das schlechte Ego anfängt das Ruder zu übernehmen. Kämpfst du für deine Idee oder um Prestige? Verdrängst du andere, nur um selbst mehr Platz zu haben oder um einer Idee Platz zu schaffen, die allen guttut? Hinterfrage deine Motivation, dich durchsetzen zu müssen – denn Durchsetzen kann gut sein. Du musst dich ab und zu durchsetzen, um nicht auf der Strecke zu bleiben. Aber welchen Zweck erfüllt es? Wird die Welt wirklich eine bessere, wenn du gewinnst, oder wird nur *deine* Welt besser?

Unser Ego kann uns schützen, wenn wir lernen, es richtig zu lesen, zu lenken und im Zaum zu halten. Und noch eine weitere Sache ermöglicht uns unser Ego: Es kann ein guter Antreiber sein. Aber dazu mehr im nächsten Kapitel.

Lektion 7:

Das zweifelhafte Prädikat »Beste«

Ein großer Vorteil in meinem Leben als Selbstständige war, dass ich nie Bewerbungs-, Endjahres- oder Beförderungsgespräche führen musste. Ich kann mir wirklich schönere Situationen vorstellen, als in einem unbequemen Outfit mit durchgestrecktem Rücken an einem Tisch zu sitzen und mich von oben bis unten bewerten zu lassen und dabei niemals mein Lächeln verlieren zu dürfen. Hölle, nein!

Auch als mich Patrick zu *Sony* holte, handelten wir die Details meines Postens aus, ohne dass ich ein klassisches Bewerbungsgespräch durchlaufen musste. Als ich dann in der Corporate-Welt angekommen war, musste ich mich jedoch daran gewöhnen, hier und da Mitarbeiter*innengespräche, Performance-Round-Ups und solcherart Meetings abzuhalten.

Irgendwann bekam ich Wind davon, dass innerhalb der Firma ein Posten frei werden würde, den ich wirklich gerne besetzen wollte. Ich war zwar zufrieden als Director of Public Relations. Aber in der anderen Position bekäme ich ganz neue Möglichkeiten und könnte andere Themen bearbeiten. Strategischer, kreativer, weitsichtiger. Es war ein wenig außerhalb meiner Komfortzone, aber das hatte mich noch nie gestört. Wäre ich immer nur strikt bei PR geblieben, hätte ich nie Artist Managements für Leute wie Sero, Capo oder Manuellsen übernommen oder Regie bei Videoformaten wie Sidos »Showjuwelen« geführt. Stillstand war für mich schon immer der Feind. Ich wollte mich weiterentwickeln, auch innerhalb des Konzerns.

Es fanden zwar keine offiziellen Beförderungsgespräche in dem Sinne statt, aber ich versuchte, in persönlichen Meetings mit den Entscheider*innen meine Chancen auf den Posten einzuschätzen und zu demonstrieren, dass ich genau die Richtige dafür sei. Eines Tages betrat ich schließlich den Konferenzraum, in dem das große Gespräch mit der Person, deren Posten frei werden sollte, stattfinden sollte – jedoch mit gemischten Gefühlen. Einerseits war ich wahnsinnig aufgeregt. Der frische Wind ungenutzten Potenzials umwehte meine Nase und der Geschmack neuer Chancen war schon fast auf der Zunge zu schmecken. Aber ich hatte eben auch Schiss. Wie gesagt: Ich hab's nicht so mit Bewertungen und ich hatte auch das Gefühl, dass meine Persönlichkeit, die unentwirrbar mit meiner sozialen Herkunft versponnen war, mir einen Strich durch die Rechnung machen könnte. Und nach einigen Minuten kerzengeraden Dasitzens und Nickens, wurde mir klar, dass sich meine Befürchtungen bewahrheiten würden. Ich würde diesen Job nicht bekommen. Zu starke Persönlichkeit, andere würden ein Problem mit meiner Besetzung haben, in einer Führungsposition dieser Art sähen sie eher jemand Zurückhaltenderen, auf Papier würde das zwar alles total Sinn machen, aber ... Blablabla. Ich schaltete emotional bereits ab. Doch dann fiel der Satz, der endgültig mein Herz aus dem Fenster flattern ließ. »Marina, du bist doch jetzt in einem Alter, wo du niemandem mehr etwas beweisen musst. Genieß doch einfach deine Position und chill dein Leben.« Ich wusste gar nicht, was ich darauf antworten sollte. Es war das Schlimmste, was man mir hätte sagen können. Denn was bei mir ankam, war: »Deine Karriere ist hier vorbei. Weiter geht's nicht.« Und für eine, die lange Zeit sämtliche positive Energie aus ihrer beruflichen Laufbahn, ihren Erfolgen und Errungenschaften gezogen hat und für die Stillstand der absolute Horror darstellte, war das eine existenzielle Bedrohung auf emotionaler Ebene. Aber – und da kommen wir zur Lektion dieses Kapitels – sein gesamtes Glück auf nur *einen* Aspekt seines Lebens zu bauen, ist nicht gut.

Arbeit, wenngleich sie immer den höchsten Stellenwert für mich hatte, erfüllte im Laufe meines Lebens verschiedene Zwecke. Ganz ursprünglich, als es noch darum ging, meine Fan-Umtriebe und die Familie zu finanzieren, war mein Antrieb zu arbeiten, so viel Geld wie möglich zu verdienen. Auch als ich bei *PANORAMA3000* nicht nur anfing zu arbeiten, sondern mir eine Karriere aufzubauen, ging es mir in erster Linie noch darum, ganz viel Geld zu scheffeln. Das war dann schließlich auch der Grund, warum ich *PANORAMA3000* verließ, mich selbstständig machte und mit Conny die Firma *Musicim & Cinelove* und später, allein auf mich gestellt, *Die Marina* gründete. Ich musste ja auch so viel Geld wie möglich verdienen, um die Dealer meiner Schwester, die Schulden meiner Familie und damit den Seelenfrieden meiner Mutter be- und ausgleichen zu können.

Natürlich liebte ich meinen Job auch und ich war froh, dass ich nicht mehr bei *Burger King* Pattys brutzeln oder in irgendwelchen Zahnarztpraxen putzen gehen musste, sondern mit Musik arbeiten durfte. Meinen Traum leben durfte. Dennoch: Geld war viele Jahre lang mein Hauptmotivator.

Im Laufe der Zeit änderte sich das aber, beziehungsweise kam ein zweiter Antrieb hinzu. Wirklich zweitrangig wurde der Faktor Geld nie. Ich glaube, alle in Armut aufgewachsenen Menschen verstehen, dass dieser »Geldkomplex« nie weggeht, egal, wie viel man irgendwann verdient, selbst wenn man keine so große finanzielle Verantwortung trägt, wie ich sie viele Jahre lang getragen habe. Wie auch immer … Der Antrieb, Geld zu verdienen, wurde während meiner Selbstständigkeit irgendwann zur Seite gedrängt von einem neuen Impuls, einem neuen Motivator: die BESTE zu sein.

Je weiter ich mich hocharbeitete, je mehr Kund*innen ich betreute und je größer meine Kampagnen wurden, desto größer wurde mein Wunsch, die Krasseste zu werden, die erste Adresse. Jede*r musste mit mir arbeiten wollen und ich musste in meiner Arbeit brillieren. Es reichte mir nicht, die Erwartungen zu erfüllen. Ich musste sie übersteigen. Immer. Es reichte mir nicht, gut gebucht zu werden und genug zu tun zu haben. Die Konkurrenz musste ausgemerzt werden. Ich musste unverzichtbar sein. Das Rad musste neu erfunden werden, sonst fühlte ich mich nicht erfolgreich. Weil es alles war, was ich hatte.

Den Großteil meiner Karriere als Selbstständige über sah ich in der Zukunft nur in meiner Arbeit etwas Schönes.

Etwas Funktionales. Alles andere war Krise. Ich brauchte diese eine Sache, die glänzte. Für meinen Selbstwert. Wenn ich die Beste war, dann war es auch nicht so schlimm, dass ich hasste, wie ich aussah, oder keine intakte und irgendwann gar keine Familie mehr hatte. Wenigstens war ich die Beste. Die Einzige ihrer Art. DIE Marina.

Und wisst ihr, was der größte (schlechte) Witz ist? Selbst, als ich das alles erreicht hatte, hat es sich nie so angefühlt. Als ich verkündete, meine Firma *Die Marina* aufzulösen und bei *Sony* anzuheuern und mir alle sagten, sie könnten sich nicht vorstellen, wie es ohne mich weitergehen solle, war ich ehrlich überrascht. Es hatte sich nie so angefühlt. Ich war unverzichtbar gewesen – und ich habe es nicht mitgekriegt. Und: Es hat mich nicht glücklich gemacht. Es war nie genug gewesen, bis ich aus diesem Loop ausstieg und dann, mit gewisser Distanz, erst sehen konnte, was da vor mir lag. Es war, als hätte ich vor einem wunderbaren Renaissance-Gemälde in einem Museum gestanden, die Nasenspitze nur Millimeter von der Leinwand entfernt, und hätte jeden einzelnen Pinselstrich gezählt und überlegt, ob das genügend waren. Als ich dann schließlich einige Meter zurücktrat, konnte ich erst die Komplexität und Schönheit des Gesamtbildes erkennen, bei dem vollkommen egal war, wie viele Pinselstriche jedes einzelne Härchen auf der Leinwand hinterlassen hatte.

Wenn jemand an dem Punkt ist, an dem das erklärte Ziel ist, der oder die Beste zu sein, würde ich heute den- oder diejenige fragen: *Was motiviert dich? Warum willst du das? Was ist das Ziel?* Das klingt erst mal banal, aber es ist wichtig, seine eigenen Motive zu kennen. Denn oft verlieren wir sie vollkommen aus den Augen, während wir dieses Wettrennen absolvieren und nur die Ziellinie vor Augen haben.

Was passiert, wenn wir dort angelangt sind? Und was haben wir während der Strecke alles verpasst? Was ist uns entgangen, weil wir im Tunnelblick nicht nach links und rechts geschaut haben?

Ich würde den angehenden Spitzenreiter*innen raten: Stürzt euch ruhig rein und werdet der oder die Beste. Aber behaltet im Kopf, dass es so viele Möglichkeiten gibt, Erfolg zu haben, ohne das Prädikat »Beste« oder »Bester« verliehen bekommen zu müssen. Denn ich kann euch aus eigener Erfahrung jetzt schon prophezeien: Es wird irgendwann nicht mehr reichen. Und wenn dann etwas mal nicht klappen sollte, ist der Sturz von der Spitze krass. Mir zumindest ging es so. Ich habe mich nie gefühlt, als sei ich die Beste, selbst als ich alles erreicht hatte, was ich mir vorgenommen hatte: Ich *war* die Krasseste, ich *war* die erste Adresse, jede*r wollte mit mir arbeiten oder hatte bereits mit mir gearbeitet und ich brillierte. Aber war ich glücklich? Nein.

Das Ziel ist nicht, alles allein zu schaffen und allein an der Spitze zu stehen. Das Ziel ist – und auch das klingt wieder banal, aber so ist es nun mal –, ein gutes Leben zu haben. Auch mal Zeit zu haben. Auch mal Ruhe zu haben. Bei der Beerdigung der eigenen Mutter nicht das Handy in der Hand zu halten und Arbeits-Mails zu beantworten. Präsent zu sein.

Mir hat keine*r beigebracht, mich nicht totzuarbeiten und stattdessen zu versuchen, hier und da mal das Leben zu genießen. Ich musste mir das mit viel Schmerz selbst beibringen. Früher hat mir keine*r geglaubt, ich sei überhaupt dazu in der Lage, fünf Wochen in den Urlaub zu fahren. Oder einfach mal nur auf der Couch zu chillen. Und vermutlich hatten sie damals sogar recht. Ich konnte nicht chillen. Ich war besessen von der Messlatte, die ich mir selbst auferlegt hatte und über die ich immer höhere Sprünge machen musste. Ich hatte versucht, mit Arbeit und Erfolg ein Loch zu stopfen, das sich nur mit viel Coaching, Therapie, Inneneinsicht und emotionaler Arbeit ganz langsam zu schließen beginnt.

Heute hat sich meine Einstellung zum Prädikat »Beste« zum Glück geändert. Oder sagen wir: Sie hat sich *angepasst*.

Mein Ego fand mit dem Wechsel zu *Sony* ein neues Ziel. Durch die größere Sicherheit, die ich dank meines Postens bekam, konnte ich meinen Fokus weg vom eigenen Überlebensinstinkt und hin zum größeren Ganzen wenden. Meine Gesamtvision im Team wurde zu meinem neuen Fokus. Das ist für mich jetzt spannender als mein individueller Erfolg. Ich möchte heute wirklich Spaß haben an dem, was ich tue. Wirklich genießen, was ich tue. Und dadurch Dinge verändern.

Ich will nicht so tun, als ginge es inzwischen nicht mehr um meinen eigenen Erfolg, wenn ich Dinge wie diese Beförderung anstrebe. Natürlich geht es mir um mich. Aber inzwischen ist der Punkt »Vorbildfunktion« für mich dazugekommen. Ich finde es wichtig, wenn Frauen, die nicht so ganz »reinpassen« wie ich, wichtige Positionen besetzen, um zu zeigen: Es geht! Wenn ich mir nur vorstelle, dass die nächste Marina irgendwo sitzt, sich den Arsch abarbeitet und am Ende nur zugucken darf ...?! Auf gar keinen Fall! Das ist heute ein weiterer Antrieb für mich, um höher, schneller, weiter zu kommen. Ich muss an diesen fucking Tischen sitzen und den Leuten zeigen, dass es geht, und Sorge dafür tragen, dass diese neuen kleinen Marinas nicht behandelt werden, wie ich es noch wurde.

Natürlich hätte ich an diesem Tag gerne die Beförderung bekommen. Für mich, für den nächsten Step, für eine neue Herausforderung. Aber ich bin froh, dass es mir nicht mehr nur darum geht, eine Lücke mit dem Erfolg zu füllen, sondern darum, Erfolg zu haben, weil ich einfach liebe, was ich tue und es eine logische Konsequenz ist, darin besser werden und mehr zu wollen. Besser und mehr – aber nicht mehr »die Beste« und nicht mehr »alles«. Und nicht nur für mich, sondern auch ein bisschen für andere, die an meinem Beispiel sehen, dass es auch für sie möglich ist, wenn ich es schaffe.

Wie balanciert man also aus, seinem Erfolg hinterherzujagen, ohne dabei am Ende sich selbst hops zu nehmen? Ich glaube, diese Balance findet man durch Vertrauen. Vertrauen in sich selbst und in die Leute um sich herum. Ein Teil meines Denkens damals, die Beste und alleinige Herrscherin über die PR sein zu müssen, lag bestimmt auch darin begründet, dass ich niemandem vertraut habe. Heute sitze ich in Meetings in den Konferenzräumen und bin oft fast durchgehend still. Etwas, was früher undenkbar gewesen wäre. Ich sitze einfach da und höre dem zu, was meine Kolleginnen sagen und was ich von ihnen lernen kann. Und ich liebe das. Es *humbled* mein Ego und es ist ein Segen, von meinen – teilweise viel jüngeren Kolleginnen – zu lernen und auch ihnen mit meiner Expertise helfen zu können. Zu sehen, wie man gemeinsam wächst. Es ist ein anderer Stolz, der mich heute erfüllt, als damals, als ich »die Beste« war.

Und wer weiß – vielleicht bin ich ja auch immer noch die Beste. Vielleicht kommt nie wieder jemand wie ich, der das Game so durchrüttelt und dominiert. Ein Underdog, der sich das alles hart selbst erkämpfen musste. Aber das Entscheidende ist: selbst wenn, ist es mir einfach nicht mehr so wichtig.

Lektion 8:

Gute Kritik versus schlechte Kritik

Couches sind mein Safe Space. Gepolsterte Burgen, erbaut aus Stahl, Schaumstoff und Baumwolle. In ihrer Umarmung kann ich träumen und zur Ruhe kommen, kann mich in ihre sanften Kurven schmiegen und an ihren federkernigen Schultern weinen und lachen. Sie saugen alles auf und urteilen nicht. Sind einfach da. Warm und einladend.

Wie ich jetzt aber so auf der Kante eines Exemplars meines liebsten, aber in diesem Fall fremden Möbelstücks sitze, krallen sich meine Fingernägel durch die leicht abgeschubberte Sitzfläche in das unschuldige Füllmaterial unter mir. Die, die wir am meisten lieben, verletzen wir auch leider immer am meisten … Ich blicke meinem Schwager ins Gesicht und warte, bis er damit fertig ist, aus seinem Glas zu trinken. Ich höre, wie die Flüssigkeit erst geräuschvoll seinen Adamsapfel passiert, dann den Hals hinab gurgelt. Ein bisschen fühlen sich die Worte, die er eben noch zu mir gesagt hat, auch an wie eine zähe Substanz, die durch einen dunklen Ausguss in mein Inneres gespült wird und wirbelnd in dem tiefen Schlund, der sich darunter verbirgt, verschwindet.

»Weißt du Marina, ich bin ja nicht der Einzige, der so denkt«, nimmt er den Faden wieder auf.

»Wie meinst du das?«, antworte ich. Ich versuche, meine Stimme ruhig und teilnahmslos klingen zu lassen.

»Na ja, es gibt halt schon Beschwerden über dich …«, er nimmt einen weiteren kleinen Schluck von seinem Glühwein. »Du tanzt auf zu vielen Hochzeiten. Du nimmst zu viel an. Ich weiß nicht, aber das wirkt einfach ein bisschen … gierig.«

Meine Finger graben sich tiefer in das schaumstoffene Fleisch unter mir. »Gierig?«

»Ja, irgendwie, als ob du den Hals nicht vollkriegen kannst. Du bist wie so ne Möwe aus *Findet Nemo,* die alle Fische im Schnabel rumträgt.«

»Das ist ein Pelikan.«

»Meine ich ja. Aber guck, auch diese Art: Du weißt alles besser, willst alles allein abarbeiten, lässt niemand sonst ran. Das kommt komisch rüber. Aber ey, ich will dir nur helfen!« Er wirft seine Hände in die Luft und präsentiert mir seine Handflächen, bevor sie wieder das glatte, geschwungene Glas umgreifen. »Hab ich dir nicht immer geholfen? Hab ich dich nicht sogar selbst weiterempfohlen? Dich den Bangern vorgestellt? Hafti, den Frankfurtern?«

Meine Finger entspannen sich ein wenig. Ich gucke zu Boden, wo die Krümel der Plätzchen liegen, die ich eben noch in mich reingestopft habe. Tolles Weihnachten. Zum ersten Mal bin ich hier bei der Familie meines Partners zu Gast, um das Fest der Liebe zu feiern. Vielleicht ist das ja Liebe, die da aus ihm spricht? Irgendwo hat er auch recht, mein Schwager. Er hat mir immer geholfen, und das hatte nichts damit zu tun, dass sein Bruder mich liebt. Lange bevor ich mit Dariusch zusammenkam, hat er mich schon gepusht und an mich geglaubt. Vielleicht meint er es wirklich nur gut? Vielleicht nehme ich den Mund tatsächlich zu voll?

»Du kannst halt null mit Kritik umgehen. Ich tu dir hier gerade einen Gefallen.« Ich blicke vom Boden auf und versuche, seinem Blick standzuhalten. »Ich dachte, du solltest wissen, was die Szene so über dich sagt. Sei froh, dass ich so nett bin und dich informiere …«

In diesem Kapitel widmen wir uns dem Themengebiet »Kritik«. Gerade in Zeiten von Social Media ist dies eine besonders wertvolle Lektion. Bevor ich auf die konkrete Situation mit meinem Schwager, die ich eben beschrieben habe, eingehen werde und wie ich sie heute bewerte, sei vorab erst mal Folgendes gesagt: Kritik gehört zum Leben dazu, also sollte man sich besser daran gewöhnen – aber unter gewissen Voraussetzungen.

Das Wort »Kritik« ist sehr negativ konnotiert in unserer Gesellschaft. Dabei bedeutet »kritisieren« nicht zwangsläufig, jemanden von oben bis unten runterzumachen. Kritik kann durchaus beides sein: positives wie negatives Feedback, das die Absicht verfolgt, eine Bestandsaufnahme des Ist-Zustands zu machen und Änderungsvorschläge zur Verbesserung anzubieten. Aber da sind wir eben beim Knackpunkt. Häufig ist es gar nicht die Absicht des oder der Kritisierenden, zu helfen. Deswegen haben viele auch so viel Angst davor, kritisiert zu werden. Sie fühlen sich abgewertet, verurteilt und gemaßregelt. Mir erging es so in der Situation mit meinem Schwager und hunderten Situationen davor und danach. Ich habe erst spät gelernt zu unterscheiden: Wer kritisiert mich, damit ich weiterkomme im Leben, ein besserer Mensch werde, mich zum Positiven entwickele, und wer kritisiert mich aus Neid, Angst oder seinen eigenen Komplexen heraus? Geht es bei der Kritik wirklich um mich? Oder sagt sie vielmehr etwas über die oder den Kritisierende*n aus?

Es geht dabei auch nicht nur um das Gesagte, sondern auch um die Art und Weise, wie das Gesagte vermittelt wird. Was ebenfalls häufig mehr über die oder den Kritisierende*n als die kritisierte Person aussagt, ist: Wie wird die Kritik vorgetragen? Wird sie dir in einem ruhigen Moment bei einem persönlichen, respektvollen Gespräch unterbreitet? Oder hörst du über drei Ecken und per Zufall, was über dich gesagt wurde?

Glaubt mir: Im zweiten Fall könnt ihr die Kritik direkt zu einem Origami-Schwan oder meinetwegen -Pelikan oder was auch immer falten und den nächsten Fluss hinunter Richtung »I don't give a fuck«-town treiben lassen, denn bei Gott, die Person meint es nicht gut mit euch.

Mir wurde Kritik häufig nicht ins Gesicht gesagt oder konnte nicht begründet werden, wenn ich begann, nachzuhaken, Beispiele für mein Fehlverhalten erfragte oder Dinge in einen Kontext setzte. Teilweise tat ich dies aus einer Verteidigungshaltung heraus, teilweise aber auch, weil ich wirklich verstehen wollte, was ich falsch gemacht hatte und wie ich es in Zukunft besser machen könnte. Wenn meinem Gegenüber dann kein stichhaltiges Argument einfiel, um die Kritik zu erläutern, hieß es meistens kurz und knapp, mein »Ego« sei das Problem.

Der Vorwurf, den mir damals mein Schwager unterbreitete, war nichts, was ich zum ersten Mal gehört hatte. Ich hatte schon Wind davon bekommen, dass es gewissen Managements nicht gefiel, wie viele Aufträge ich annahm. Wie präsent ich war. Ich verstand diese Kritik nicht. Niemand bemängelte die Qualität meiner Arbeit. Wenn ich zu viele Aufträge angenommen und deswegen nicht mehr gut gearbeitet hätte – fein. Aber das war nicht der Fall. Kein Artist hatte sich je über meine Leistung beschwert, dass ich dem Projekt nicht genügend Aufmerksamkeit widmen würde oder nicht erreichbar gewesen wäre. Ich machte meinen Job offenbar ZU gut.

Ich fand die Kritik nicht nur schwer nachvollziehbar, sondern auch zynisch, denn: Diese Manager wussten genau, wie meine Gagen aussahen. Also, Bro – du weißt selbst, dass du mir nicht viel zahlst für dein Projekt und dann soll ich auch noch weniger machen? Ja, es stimmte, ich nahm alles an, was ich kriegen konnte. Weil ich das Geld brauchte. Seit wann ist Exklusivität ein Qualitätsmerkmal in der PR? Seit wann ist es etwas Schlechtes, alles zu können? Ich hatte nun mal eine breite Expertise. Ich konnte sowohl einen Haftbefehl bewerben als auch ein Schni-Schna-Schnappi, das Krokodil. Ich hatte außerdem einen krassen Drive. Und das wurde mir jetzt zum Vorwurf gemacht? Es machte mich wütend, dass etwas Gutes als etwas Schlechtes deklariert wurde. Wahrscheinlich hätte ich mich mit jedem dieser Typen hinsetzen müssen, um ihnen zu erklären: »Guck mal, ich habe eine heroinabhängige Schwester, eine kranke Mutter und eine russische Familie, die unterstützt werden will, weil die alle denken, nur weil wir in Deutschland leben, seien wir jetzt automatisch reich. Ich hab den Druck meines Lebens, Dikka! Ich bin für *alle* verantwortlich. Ich arbeite selbstständig. Meine einzige Angestellte ist meine Freundin, die ich aus der alten Firma mitgenommen habe. Was, wenn das nicht klappt? Ich bin auch noch für *sie* verantwortlich. Ich MUSS alles abarbeiten, was ich kriegen kann.« Hätte ich jedem Einzelnen diesen Monolog vor den Latz geknallt, der mir vorgeworfen hat, »auf zu vielen Hochzeiten zu tanzen« – vielleicht hätten sie mich dann besser verstanden. Aber ich hatte nicht die Energie und auch nicht das Selbstbewusstsein dafür. Man braucht eine gewisse mentale Stabilität, um Kritik gut einstecken und annehmen zu können – und gegebenenfalls schlagfertig und angemessen darauf reagieren zu können. Die hatte ich viele Jahre lang aber nicht.

Ich nahm mir diese Worte also krass zu Herzen, und wenn ich dann hörte, dass andere Firmen plötzlich Aufträge bekamen, die ich bisher bearbeitet hatte, ging es mir sehr schlecht. Ich nahm es persönlich. Teilweise war es das auch. Ich hörte von dem ein oder anderen Management, ich sei zu *ghetto* und dass man für PR in Zukunft lieber jemanden hätte, der mehr *glossy* sei. Jemand, der mehr ins Feuilleton passe – was witzig ist, denn ich hatte genauso gute Kontakte zu *Hiphop.de* wie zur *Vogue* oder dem *Spiegel*.

Im Coaching, das ich Jahre später machen sollte, fand ich heraus, dass all diese Vorwürfe eigentlich keine Kritik gewesen waren. Sie waren ein Ausdruck von Angst. Ich war also besser damit bedient zu lernen, Kritik richtig einzuordnen, statt jedes Mal einen Nervenzusammenbruch zu bekommen, wenn ich einen Auftrag verlor oder jemandem meine Persönlichkeit too much war.

In Sachen Kritik kann ich euch heute mitgeben: Menschlich respektiere ich jede*n, aber nicht fachlich. Wenn Kritik nicht begründet werden kann oder von jemandem kommt, der oder die sich eigentlich gar nicht mit mir oder dem Thema auseinandergesetzt hat, dann scheiß ich drauf.

Es gibt eine Wahrheit, die ich vor allem den Leser*innen* auftischen muss: Wenn du eine Frau bist, die lauter ist als die meisten Frauen, wenn du eine Frau bist, die nach vorn geht, Sachen pusht, Menschen pusht, sich festbeißt und nicht loslässt, dann wirst du dich leider daran gewöhnen müssen, häufiger dafür kritisiert zu werden, was du bist. Bei Frauen sieht die Rechnung unglücklicherweise so aus: Wer mehr auffällt, wird mehr kritisiert. Nicht, weil man mehr falsch macht, sondern weil es an und für sich von vielen als falsch bewertet wird, als Frau so zu sein. Dann wird es heißen, dein Ego sei zu groß. Und das wird wehtun. Es tut immer weh, für etwas kritisiert zu werden, das man nicht ändern kann. Für das kritisiert zu werden, was einen ausmacht. Deswegen ist es umso wichtiger, einordnen zu lernen, was die Beweggründe der vermeintlichen Kritik sind und sich nicht Fehler einreden zu lassen, die keine sind.

Also frage dich, wenn es zu solchen Situationen kommen sollte: Geht es hier darum, Dinge sichtbar zu machen, die im Verborgenen Schaden anrichten, und es ist gut, dass jemand einen Scheinwerfer darauf richtet? Oder wird eher Finsternis verursacht, indem man dein Licht dimmen will?

Was mir außerdem wirklich dabei geholfen hat, Kritik einzuordnen, war ein Hineinhorchen in mein Inneres. Wenn jemand möchte, dass du dich veränderst, dann achte darauf: Bist du glücklicher oder unglücklicher, nachdem du die gewünschten Änderungen vorgenommen hast? Falls du nach der angenommenen und umgesetzten Kritik unglücklicher bist, kann es nicht richtig gewesen sein. Dann hast du ziemlich sicher etwas getan, womit jemand anderes zufrieden ist. Du hast die Bedürfnisse der anderen Person befriedigt, aber dich hat es nicht weitergebracht. Denn das ist es ja, was wir mit Kritik im eigentlichen Sinne erreichen wollen: Fortschritt, Verbesserung.

Ich erinnere mich noch gut an ein Gespräch, das ich mit Patrick, meinem Chef und CEO von *Sony Music*, geführt hatte … Die Rolle als Festangestellte bei *Sony* war noch neu für mich, und wie ich in einem der ersten Kapitel bereits erzählte, war die soziale Komponente, die mit so einer Anstellung, den Hierarchien und persönlichen Beziehungen einherging, für mich recht angsteinflößend. Ich war unsicher, wollte unbedingt akzeptiert werden und gleichzeitig in meinem Job sofort unter Beweis stellen, dass es die richtige Entscheidung gewesen war, mich einzustellen. Ich wollte unbedingt direkt abliefern und glänzen. Dabei stieß ich mit meiner Art, in Meetings nach vorn zu preschen, meine Ideen rauszukatapultieren und überall am Start sein wollen, teilweise auf Unverständnis, das ich mir wiederum total zu Herzen nahm. Manche Menschen waren überfordert von meiner Intensität und Leidenschaft. Wenn man mich nicht kennt, verstehe ich das sogar irgendwie. Ich bin nun mal ein Ghettogirl aus Kreuzberg. Wir sind laut, frech und lassen uns keinen Scheiß gefallen. Das überfordert manche Menschen. Jedenfalls dachte ich: *OK, Marina. Du bist nicht mehr allein auf dich gestellt. Der Einzelkämpferinnenmodus ist vorbei. Du bist jetzt in einem Konzern und musst dich den*

Strukturen anpassen. Ich wollte mich also ändern und ernst-
nehmen, was an mir kritisiert worden war. Leiser sein, zu-
rückhaltender, unsichtbarer.

Ich ging also in das nächste Meeting und hielt mich komplett zurück. Ich nickte, kreuzte meine Beine doppelt in-
einander zu einem Knoten und gab acht darauf, im Hintergrund zu bleiben. Nach dem Meeting fasste mich eine
Kollegin am Ellenbogen, als wir aus der Glastür hinaus in
den Flur traten, und fragte: »Marina, ist alles OK mit dir? Bist
du krank oder so?« Ich verneinte und sagte ihr, ich wüsste
nicht, was sie meine. Sie zog die Augenbrauen zusammen.
»Ey, normalerweise kann man dich nachts um drei auf-
wecken und aus dir sprudeln Ideen. Was war das für ne
Fisch-Nummer da drinnen?« Ich antwortete ihr, dass ich nur
annehmen wolle, was mir gesagt worden sei. Dass ich mich
mehr zurückhalten und anderen mehr Raum lassen wolle.
Daraufhin verdrehte sie die Augen. »Wenn du das noch
einmal machst, dann hau ich dir in die Fresse. Ich brauche
deinen Input!« Ich lachte, aber wirklich wohler in meiner
Haut fühlte ich mich erst, als es zu dem besagten Gespräch
mit Patrick kam. Ihm war offenbar aufgefallen, dass ich
struggelte. Er bestellte mich zu sich ins Büro und begann
ganz freundschaftlich mit mir zu quatschen, bis wir langsam
zum eigentlichen Thema vordrangen. »Irgendwie bist du
anders.« Ich erklärte ihm meine Situation: dass ich in jedem
Mitarbeiter*innengespräch das Gleiche gesagt bekäme.
Ich solle mich mehr zurücknehmen, Blablabla. Unter Tränen
erzählte ich ihm, dass ich mir einen Life Coach (eine weitere
Therapie schaffte ich einfach nicht mehr) geholt hätte und
wirklich versuchen würde, an mir zu arbeiten und das zu

ändern, was an mir kritisiert wurde. Aber ich sei wohl einfach nicht *Corporate*. Ich hätte vielleicht nicht die Persönlichkeit, um in so einem Umfeld zu arbeiten.

Und wie es so Patricks Art ist, hörte er einfach zu, nickte hier und da und begann dann zu grinsen. »Ich hab dich doch eingestellt als den Menschen, der du bist, Marina. Wenn du dich jetzt veränderst – wo ist da der Sinn?« Ich wusste nicht so richtig, was ich dazu sagen sollte. Es fühlte sich gut an, Bestätigung zu bekommen. Aber gleichzeitig wollte ich von den anderen gemocht werden und nahm mir deren Kritik zu Herzen.

»Anpassung ist scheiße«, winkte Patrick nur ab. »Sei du selbst, verletz dabei keine Menschen, dann können alle friedlich und zufrieden sein.« Und da begann es langsam bei mir »Klick« zu machen. Natürlich will ich keine Menschen verletzen. Aber *the bottom line is:* Es ist nicht mein Problem, wenn sich Leute von mir eingeschüchtert oder zurückgewiesen fühlen.

Wie wir Kritik aufnehmen, beziehungsweise, wie gut wir sie als solche identifizieren und lernen, sie von Manipulation zu trennen, hängt, glaube ich, viel damit zusammen wie wir aufgewachsen sind und als Kind kritisiert wurden. In unserer Familie gab es keine Kritik-Kultur. Es gab eine klare Hierarchie: Die Eltern und deren Generation aus Tanten, Onkel et cetera thronten an ihrem Pult und schwangen den Richterhammer, während die jüngere Generation zuzuhören und dankbar zu sein hatte. Wenn du Kritik geäußert hast, wurdest du mit Ignoranz bestraft oder mit Ablenkungsstrategien abgespeist. Es fielen dann Sätze wie:

»Wenn ich wirklich so schlecht bin, dann soll Gott mich holen« oder »Ach ja, anscheinend bin ich ja an ALLEM schuld!« Überdramatisiert und manipulativ. Oder dir wurde erst mal alles aufgezählt, was *du* falsch machst oder was alles schon für dich getan wurde.

Ich befand mich innerhalb unseres Familiengeflechts in einer speziell exponierten Lage. Meine Schwester war ein absolutes Wunschkind gewesen, während ich das Produkt einer Affäre war und somit eine Lebenslüge der Familie, da mein Vater ja nie herausfinden durfte, dass ich nicht seine biologische Tochter war. Meine Schwester wurde anfangs komplett verhätschelt, bis sie begann, die Erwartungen an sie als Wunschkind zu enttäuschen. Der Fall vom Wunschkind zum Problemfall war tief und meine Eltern straften meine Schwester schwer. Ich habe es schon erwähnt, meine Schwester wurde massiv verprügelt, im Gegensatz zu mir. Regenschirme, Stühle, Gürtel – sie wurde mit allem geschlagen, wegen allem. Und ich musste zusehen. Ich versuchte also auszugleichen. Je besser ich in der Schule war, je ordentlicher ich aufräumte oder sonstige Erfolge einheimsen konnte, umso weniger würden meine Eltern pissed wegen meiner Schwester sein – hoffte ich.

Meine Schwester wurde irgendwann aufgegeben. Das Überschütten mit Liebe hatte nicht geholfen, Prügeln hatte nicht geholfen und ihre Krankheit machte es endgültig unmöglich, sie in irgendeiner Form zu erreichen. Weil ich währenddessen zum »funktionierenden« Part der Familiendynamik geworden war, war ich nun auch mehr Kritik ausgesetzt.

Wie ich euch bereits erzählt habe, wurde immer mein Äußeres kritisiert, vor allem von Tanten, Bekannten und Verwandten. Immer, wenn ich mit anderen russischen Mädchen darüber sprach, bestätigten sie mir, dass es in ihren Familien ganz ähnlich ablief. Vielleicht war das ein russisches Ding: Die Älteren begutachteten die Jüngeren mit strengen Adleraugen und pulten in jeder noch so kleinen offenen Wunde, die sichtbar war. Die Mädels taten deswegen auch sehr viel für ihr Äußeres, um mal einen guten Mann zu bekommen. Aber das war nie mein Plan. Selbst wenn ich gewollt hätte – es war einfach keine Option für mich.

An die Kritik meines Äußeren war ich also irgendwann gewöhnt und schottete mich dagegen ab. Die Kritik an meinem Verhalten traf mich irgendwann mehr. Meine Mutter warf mir ab einem gewissen Zeitpunkt im Teenageralter vor, ich sei kalt, distanziert. Mein Aussehen war nicht weiblich genug und jetzt war es auch meine Persönlichkeit nicht. Dabei hatte ich einfach gelernt »Nein« zu sagen. Vielleicht schneller, als es Kinder normalerweise gegenüber ihren Eltern tun. Das war eine Konsequenz der emotionalen Erpressung meiner Mutter, die ich schnell als solche zu identifizieren gelernt hatte. Ich musste mich wehren. Auch hier verhielt es sich so wie später in meinem Leben mit der Kritik: Eigentlich war es Angst, die da aus meiner Mutter sprach. »Du bist kalt« bedeutete eigentlich: »Wir können nicht mehr so viel aus dir herausholen. Du entziehst dich unserer Macht.«

Wenn ich mit meiner Familie über Beziehungsprobleme sprach, war die erste Frage immer: »Was hast du gemacht?« Als gäbe es gar keine andere Möglichkeit, als dass *ich* etwas verkackt hatte. Weil ich ja so kalt sei.

Ich habe als Kind und junge Erwachsene immer vermittelt bekommen, dass, wenn es zu Problemen in meinem Leben kam, ich stets selbst die Schuldige war. Kritik wurde also zu einer schmerzhaften Erfahrung für mich, und sie aus dieser Schublade herauszuholen und einen gesunden Umgang damit zu finden, dauerte sehr lange und erforderte viel *inner work*. Ich bin auch noch lange nicht an dem Punkt, wo mich Kritik kaltlassen würde. Sollte sie auch gar nicht, denn, wie gesagt: Wohlgemeinte Kritik ist etwas sehr Gutes!

Wie kritisiert man also zielführend? Das ist eine Lektion, die ich auch selbst erst lernen musste. Ich war früher bestimmt nicht immer fair und cool in der Art, wie ich Menschen auf der Arbeit kritisiert habe und warum. Ich habe zum Beispiel Leute dafür kritisiert, wenn sie in meinen Augen zu langsam waren. Wenn jemand nicht wie ich gearbeitet hat, habe ich das nicht verstanden oder zu schätzen gewusst. Was ich dabei übersah, war, dass sie in manchen Punkten eventuell gründlicher gearbeitet haben als ich. Dass sie einen anderen Fokus hatten und der auch zum Ziel führt. Dass *my way* nicht unbedingt der einzige Weg ist. Es ist eben ein Lernprozess. Heute würde ich, statt direkt loszukritteln, ein wenig abwarten, mir einen Überblick verschaffen und dann fragen: »Was kann ich tun? Was brauchst du, damit du besser klarkommst?«

Wenn ich heute jemanden kritisiere, dann passiert das auch, weil ich eine Erwartungshaltung an die Person habe. Ich traue ihr etwas zu und will, dass sie besser wird. Manche Menschen trauen sich einfach nicht, ihre Erfolge zu zeigen und sich hervorzuheben aus Angst, sie könnten als arrogant gelten. Also gehe ich für diese Leute nach vorn und promote sie. Für mich sind introvertierte Menschen sehr wichtig. Ich nehme sie total wahr und ernst. Ich würde ihnen nie sagen, sie sollten sich verändern, sondern gucken, wie sie sich und ihre Qualitäten sichtbar machen können. Nur eben auf ihre Art.

Aber man muss auch die Lauten akzeptieren. Heute versuche ich, nicht nur für mich laut zu sein, sondern auch für andere. Denn wichtig ist, fair zu sein. Fair heißt nicht, immer nur zu loben. Fairness kann auch in Form von Kritik daherkommen. Aber man muss den Leuten einen Ausweg geben. Tipps, was man besser machen könnte und wie. Sie nicht allein mit der Kritik stehen lassen. Ihnen die Chance geben, es besser zu machen, ihnen eine Aussicht bieten.

Wer mich tatsächlich immer konstruktiv kritisiert hat, waren meine Kolleginnen Conny und später Polly, die in meiner zweiten Firma, *Die Marina,* und später auch bei *Sony* zu meinen engsten Mitarbeiterinnen und Vertrauten gehörte. Die haben mit ihrer Kritik einen besseren Menschen aus mir gemacht. Denn ich war zu gewissen Zeiten meines Lebens abgedriftet, ihr wisst es schon: Als ich nur an Arbeit gedacht habe, daran, die Beste sein zu müssen. Da habe ich mich in einem selbstzerstörerischen Tunnel befunden, der auch für andere destruktiv und im Begriff war, sie mit in meinen Strudel zu reißen. Die beiden haben das knallhart benannt, und das war gut so. Auch mein Partner Dariusch hat mich immer, und zwar rigoros, auf meinen Bullshit *outgecallt,* wenn es nötig war. Ich bin meinen Kritiker*innen, denjenigen, die mich und die Welt um mich herum besser machen wollen, indem sie mir erklären, was schiefläuft, sehr dankbar. In der Vergangenheit wie ich auch heute noch. Leute, die mich kritisieren, sich aber auch die Zeit nehmen, zu verstehen, was eigentlich die Hintergründe sein könnten, warum ich war wie ich war und bin wie ich bin. Ich bin meinem Life Coach Franzi dankbar, die mir beibrachte, gute versus schlechte Kritik zu unterscheiden und die schlechte als das zu identifizieren, was sie tatsächlich ist: häufig Angst, eigene Unsicherheit, Vorurteile, Sexismus oder Klassismus. Und manchmal auch Neid.

Und damit kommen wir zu einer weiteren Lektion, die euer Leben, sei es beruflich oder privat, um einiges verbessern wird, sobald ihr anfangt, sie in euren Alltag zu integrieren.

Lektion 9:

Wenn Neid anruft, geh ans Telefon

Der Dielenboden unter meinem Bauch ist rau. Ich kann das sogar durch meinen Mickey-Mouse-Pullover spüren. Oh nein, mein Pullover! Ich starre den Ärmel an, den ich mitsamt meinem Arm, der darin steckt, umständlich zwischen meinem und Jessicas kleinem Körper hervorzerre, die neben mir unterm Bett liegt. Der ehemals rosa Pulli ist ganz grau vom Staub, der hier unter dem Bett ein friedliches Dasein fristete, bis wir ihn mit unseren kleinen Händen, Beinen, Knien und Armen aufgewirbelt haben, sodass er sich nun an uns klammern muss. Meine Mama wird ausrasten. Ich lege den nun schmutzig-grauen Ärmel mitsamt Arm um Jessica.

Jessica und ich gucken uns an, Augen geweitet, Lippen zusammengepresst, während die Schluchzer von Jessicas Mutter im Wohnzimmer langsam leiser werden. Auch ihren Vater hören wir kaum noch, er flüstert jetzt, aber ich verstehe nicht, was. Das Wohnzimmer ist zu weit weg von Jessicas Kinderzimmer. Neben uns unterm Bett liegt noch ein weiterer, noch viel kleinerer Körper, Jessica hält ihn fest umschlungen. Ihre neueste Barbie. Es ist die Tauchlehrerin. Sie trägt einen schwarz-pinken Neoprenanzug, auch in ihrem glänzenden blonden Haar haben sich kleine Staubmäuse verfangen. Der Orca, der zu der Taucher-Barbie dazugehört, liegt irgendwo im Kinderzimmer zwischen tausend anderen Spielsachen begraben. Jessica konnte ihn nicht finden, als ich zum Spielen rüberkam, und das hat mich ziemlich gewundert. Wie kann man nicht wissen, wo so ein tolles Spielzeug ist? Hätte ich so einen Orca, ich wüsste immer, wo er liegt! Aber wie wir jetzt beide so auf unseren kleinen Bäuchen unter Jessicas Bett liegen und warten, bis es wieder sicher ist, extra leise weiterzuspielen, ist diese Trennwand, die ich immer zwischen uns gespürt habe, plötzlich verschwunden. Komischerweise fühlt sich das aber gar nicht gut an. Es ist, als ob ein Filter von einer Linse genommen worden wäre und ich plötzlich Jessica und das, was sie für mich repräsentierte, in einem neuen, grellen Licht sehe.

Ich war immer neidisch auf Jessica. Jessica war »normal«, und vor allem hatte sie immer alles. Als die Taucher-Barbie mit dazugehörigem Gummi-Orca rauskam, gehörte sie ihr eine Woche später. Als die erste sprechende Puppe rauskam, hatte Jessica sie sofort. Genauso wie die neuen Klamotten von Gap und nicht die aus zweiter Hand vom Flohmarkt.

Jessica hatte in meinen Augen immer alles. Ich wollte so sein wie sie – bis zu diesem Tag auf dem Boden unter ihrem Bett, als ich erkannte, dass Jessica überhaupt nicht alles hatte. Jessica hatte nur Dinge, die davon ablenken sollten, was sie nicht hatte: eine intakte Familie, die sie in den Arm nimmt und ihr sagt, dass sie sie lieb hat. Ich hatte zwar auch keine intakte Familie, aber wenigstens gab es bei uns trotz Armut und Gewalt auch Zusammengehörigkeit und Liebe. Wenn mich meine Mama ins Kino mitnahm oder wir Eis essen gingen, zum Beispiel. Jessicas Eltern waren selten da, überhäuften sie mit Zeug, aber schenkten ihr keine Aufmerksamkeit.

An diesem Tag lernte ich eine wichtige Lektion über Neid, und es sollte nicht meine letzte sein: Nur weil du denkst, jemand hat alles, heißt das nicht, dass er oder sie alles hat. Dein Neid sagt nichts über die aus, die du beneidest, sondern über dich selbst. Hör ihm zu. Was will er dir sagen?

Ich war als Kind immer neidisch. Neidisch auf materielle Dinge, die ich nicht hatte, klar. Aber vor allem war ich neidisch auf intakte Familien. Familien, bei denen Ruhe herrschte. Wo das Zuhause ein Tempel der Erholung war und nicht einer dieser Tempel, in denen Affen rumbrüllen und alles vollkacken dürfen. Ich war neidisch auf Familien, die nicht stritten. Ich war auch neidisch auf alle, die nicht »anders« waren wie ich. Die Weihnachten gefeiert haben wie die Leute in den Filmen und die keine Familien in anderen Ländern hatten, die bei ihrem Besuch das gute Porzellan aus der Glasvitrine mitnahmen, weil sie das angeblich dringender gebrauchen konnten als wir. Später, als ich älter wurde und zu einem jungen Mädchen heranwuchs, war ich neidisch auf andere Mädchen, die besser aussahen als ich. Ich dachte, wer so aussieht, kenne keinen Selbsthass. Und später, als ich begann, mir als Promoterin eine Karriere aufzubauen, war ich neidisch auf andere Firmen, die größere und einfachere Projekte übernehmen durften und dann den garantierten Erfolg inklusive Lob und Geld dafür einstrichen.

Meiner Meinung nach ist Neid ein Thema, das in unserer Gesellschaft unehrlich besprochen wird. Es ist verpönt, neidisch zu sein, und doch sind wir es alle ab und zu. Ich finde es nicht schlimm, neidisch zu sein – wenn man ehrlich damit umgeht. Solange dein Neid ein Gefühl ist, das du mit dir ausmachst und nicht zum Problem der anderen erhebst. Es ist OK Neid zu empfinden.

Aber zwei Sachen sollte man dabei beachten. Erstens – und das ist die Lektion, die ich damals bei Jessica lernte: Denk nicht, dass es jemandem, der oder die mehr hat als du, automatisch besser gehe und alles tutti sei. Guck hinter die Kulissen, sprich mit den Menschen und forme ein realistisches Bild deiner Vorstellungen.

Neid entsteht beim Vergleich mit anderen. Ich finde, sich mit anderen zu vergleichen, ist an und für sich nicht unbedingt etwas Schlechtes. Wie bei allem im Leben kommt es aber auf den Kontext an. Vergleiche ich mich aus einem geringen Selbstwert heraus? Warum habe ich diesen geringen Selbstwert und kann diese eine Sache, von der ich mir Linderung erhoffe, dieses Versprechen, alles besser zu machen, überhaupt erfüllen? Vergleiche ich mich vielleicht auch mit unrealistischen Maßstäben? Denn wie gesagt: Oft präsentiert uns unser Neid nur ein subjektives Bild, das, wenn man genauer hinguckt, gar nicht so viel mit der Realität zu tun hat.

Zweitens: Wenn du neidisch bist und etwas willst, was jemand anderes hat, dann reiß dich zusammen und kümmere dich darum, es auch zu bekommen. Oder wenn du neidisch bist darauf, was jemand anderes erreicht hat, dann tu es selbst. Lass den Neid dein Antrieb sein.

Neid kann uns im besten Fall zu Selbsterkenntnis verhelfen. Wer reflektiert genug ist, das zu erkennen, der nutzt seinen Neid als Ansporn und wandelt ihn in eine Energiequelle um, jene Dinge zu jagen, die wir uns erträumen. Transformiere deinen Neid in Inspiration. Der Stolz, etwas selbst geschafft zu haben, sich etwas vorzunehmen und es durchzuziehen, der gleicht jeden kleinen Stich, den uns vorher der Neid verpasst haben mag, um ein Hundertfaches aus.

Ich erinnere mich noch an meinen tiefsten (und ich weiß, bescheuerten) materiellen Wunsch, als ich anfing, Geld zu verdienen: Ich wollte einen Moschino-Gürtel haben. Schwarzes Glattleder, darauf prangend der Markenname in dicken goldenen Buchstaben, einmal von Beckenknochen zu Beckenknochen, der komplette Frontgrill vergoldet. Ich hatte ihn bei einer Bekannten aus dem russischen Freundeskreis meiner Mutter gesehen und war so neidisch darauf gewesen. Dieser Gürtel hat damals 250 Euro gekostet – viel zu viel Geld für mich. Aber irgendwann, ich erinnere mich noch ganz genau, sah ich ihn in einem Londoner Schaufenster, an dem ich mit Conny vorbeilief. Wir waren zusammen im Urlaub. Und ich stapfte in meinem Jogginganzug in diesen Laden, ignorierte die Blicke und Kommentare der Verkäuferinnen, die mir die ganze Zeit ein günstigeres Modell aus Wildleder und ohne goldene Buchstaben andrehen wollten, und kaufte mir diesen Scheißgürtel. Ich habe ihn bis heute, auch wenn ich ihn nicht mehr trage.

Aber er ist mein Gummi-Orca – ich weiß immer ganz genau, wo er sich befindet. Er löst etwas in mir aus, wenn ich ihn mir ansehe, bis heute. Mein Neid hat mich unter anderem dahin gebracht, mir diesen Gürtel leisten zu können.

Ich will aber nicht so tun, als ob man in Neid nur etwas Gutes sehen könnte und diese ganze Selbstoptimierer-Scheiße. Natürlich ist Neid auch schmerzhaft, zerstörerisch. Neid kann mit der Zeit in Hass und Bitterkeit umschwenken, wenn man keinen gesunden Umgang damit findet. Ich hatte früher eine Freundin, die beruflich nicht annähernd so erfolgreich war wie ich. Sie struggelte damit, einen Fuß auf den Boden zu kriegen. Es war nicht ihr Fehler. Sie war nicht »verkehrt«. Manche brauchen eben ein bisschen länger und manche setzen auch nicht so viel auf beruflichen Erfolg, und das ist absolut in Ordnung so. Nicht jeder muss der Mega-Karrierehengst sein. Sie war es definitiv nicht. Sie genoss lieber ihre Freizeit und ging gerne aus – was total fein war. Sie kam bei Männern sehr gut an. Wenn wir zusammen in einen Club gingen, war es bestimmt nicht ich, die die Aufmerksamkeit auf sich zog. Sie liebte die Blicke aus glänzenden Augen, die sie von Männern zugeworfen bekam, und wir hatten immer viel Spaß zusammen. Keine neidete der anderen etwas. Bis ich irgendwann auch mal einen Mann kennenlernte, der mein Freund wurde. Plötzlich änderte sich unsere Dynamik. Sie wurde kühl mir gegenüber, gab mir das Gefühl, immer etwas falsch zu machen. Es war ein Walzer, den wir miteinander tanzten, und irgendwie schien ich bei jedem Schritt einen Zentimeter zu weit rechts oder links zu stehen. Irgendwann begriff ich: Solange sie etwas gehabt hatte, was ich nicht hatte – Aufmerksamkeit von Männern, Liebe, eine Beziehung –, war alles gut gewesen. Aber als ich auf einmal »alles« hatte – beruflichen Erfolg *und* »Glück« mit den Männern –, wurde es schwierig zwischen uns. Als ob ich ihr etwas weggenommen hätte. Als ob ich eine unausgesprochene Regel gebrochen hätte.

Mir begegneten solche Reaktionen häufiger im Leben. Als zum Beispiel das erste große Porträt über mich im *Spiegel* herauskam. Wie ich bereits erzählte, habe ich vor allem aufgrund meines Aussehens jahrelang eine Existenz im Hintergrund bevorzugt, obwohl ich mich eigentlich danach gesehnt hatte, meine Geschichte und meine Erfolge sichtbar zu machen. Ich war ein extrovertierter Mensch, der zum Leben als Introvertierte gezwungen worden war. Dass ich dieses Interview mit Fotostrecke und allem Drum und Dran zusagte, bedeutete einen krassen persönlichen Schritt für mich, vor dem ich wahnsinnigen Bammel hatte. Ich war so viel für meine »große Persönlichkeit« kritisiert worden, immer wieder im Leben, dass mir dieser *bolder move* die Sorge bereitete, die Leute könnten über mich urteilen. Ich war sehr unsicher.

Viele freuten sich mit mir, als ich den Artikel nach dessen Erscheinen schließlich teilte. Aber einige gaben mir mit ihren Reaktionen auch zu verstehen: »Ey, beruhig dich mal. Du hast EIN Interview gegeben. Ist ja gut jetzt!« Viele andere, von denen ich gedacht hätte, sie würden sich mit mir freuen, sagten zwar nichts Negatives, aber ihr Schweigen war auch ziemlich laut. Ich hätte mich über ihren Support gefreut.

Achte darauf, wie dein Umfeld reagiert, wenn du gewinnst. Freut es sich mit dir? Schweigt es? Oder redet es dich gar runter?

Wir neigen dazu, uns bei 100 Leuten, die uns ihre Meinung kundtun, auf die zehn zu konzentrieren, die etwas zu meckern haben, statt auf die 90, die positiv sind. Vor allem, wenn die Kritik von Neid getrieben ist. Es ist deine Pflicht, dir selbst gut zuzureden und dich daran zu erinnern, wer toll zu dir ist, um nicht verrückt zu werden. Konzentriere dich darauf, wer dich feiert. Die Treue zu dir selbst ist das Wichtigste.

Ich möchte aber auch anmerken, dass man aufpassen muss, es sich nicht zu leicht zu machen. Sämtliche Kritik mit der Behauptung abzuschmettern, alle wären nur neidisch auf einen, ist faul und unterkomplex. In Sachen Neid – ob man nun die aktive oder empfangende Rolle einnimmt – ist Selbstreflektion der einzige Weg zum Ziel, welches da wäre, dem Neid nicht zu großen Raum zu gewähren. Frage dich: Ist das, was ich fühle, Neid oder vielleicht etwas anderes? Vielleicht Angst, Unsicherheit? Projiziere ich eventuell das alles nur auf die andere Person? Warum bin ich neidisch? Oder eben auch: Wie sehr nehme ich mir negative Gefühle wie Neid anderer zu Herzen?

Auf Können oder Erfolge anderer war ich noch nie neidisch. Wenn jemand in der Schule eine Eins geschrieben hat und ich nicht, juckte mich das nicht. Ich hab mich schon damals für die Person gefreut, sofern es eine Freundin oder ein Freund war. Das ist auch heute noch so. Ich bin niemals neidisch auf prestigereiche Posten, weil jemand mehr Geld kriegt oder einen krasseren Deal abgeschlossen hat als ich. Mich spornt das eher an. Ich bin heute auch nicht mehr neidisch auf materielle Dinge oder intakte Familien. Ich habe einen guten Umgang mit meinem eigenen Neid gelernt. Mit dem Neid anderer oder besser gesagt, wenn der Neid mit Missgunst einhergeht, komme ich auch immer besser klar und entferne mich davon.

Der Grund, warum ich da bin, wo ich bin, und dass ich machen kann, was ich mache, ist nicht in den letzten fünf Jahren zu finden. Ich habe 20 Jahre darauf hingearbeitet, an diesen Punkt zu kommen, und ich darf darauf stolz sein. Und das lasse ich mir sicher nicht madig reden, weil jemand es nicht ertragen kann, mich gewinnen zu sehen.

Am Ende entgeht diesen Personen auch etwas. Etwas, das sie in sich selbst finden könnten, wenn sie nur richtig hinhören würden, wenn der Neid versucht, ihnen diese Wahrheit ins Ohr zu träufeln. Und damit kommen wir zu meinem nächsten Learning.

Lektion 10:

Konkurrenz ist gut

Eines der liebsten Stammtischthemen der Hiphop-Community, ob in den USA oder in Deutschland, ist die ewige Diskussion: Wer sind die Top-3-Rapper*innen ihrer Zeit? Und wer von ihnen ist der oder die Beste überhaupt?

Ich habe schon Spuckefäden und Stühle durch die Luft fliegen sehen bei diesen Gesprächen, denn jeder hat seine eigenen Parameter, was einen »*Greatest of all Time*« – kurz, einen »GOAT« – ausmacht, vor allem, was die US-amerikanischen Legenden angeht, Biggie, Tupac, Nas oder doch Jay-Z oder Kendrick Lamar? Und was ist mit Eminem??? Wobei: In Deutschland hat man den GOAT schon vor Jahren gekrönt oder vielmehr, er sich selbst: Kool Savas, Beiname: Der King of Rap.

Auch untereinander führen diese Rivalitäten häufig zu unterhaltsamen Show-offs, die im Laufe von 50 Jahren Hiphop hunderte Diss-Tracks hervorgebracht haben, von Tupacs Hit *'Em Up* über Jay-Zs *Takeover* bin hin zu hiesigen Classics wie Kool Savas' *Das Urteil* oder Bushidos *Leben und Tod des Kenneth Glöckler*. Diese Diss-Tracks gehören teilweise zu den größten Klassikern in der Geschichte des Genres.

Wettkampf und Überlegenheitsbekundungen sind Teil der Kultur. Rivalität sowie der Kampf um Anerkennung spielten von Anbeginn des Hiphops eine riesige Rolle. Es ist also nur logisch, dass Konkurrenzdenken auch in meinem Leben eine riesige Rolle spielte. Hiphop und Deutschrap waren meine Ersatzeltern gewesen. Ich habe mir Songzeilen von Kool Savas auf den Körper tätowieren lassen, und wenn heute irgendwo *King of Rap* gespielt wird, kann ich immer noch von vorn bis hinten alles mitrappen. Als Prinz Porno sagte: »Meine Bibel hat sechs Worte: ›Ich bin tight, ihr seid wack!‹«, wurde das zu meinem Credo, und als Haftbefehl rappte: »Ich nehm' dir alles weg – die Schlüssel zu deinem Haus, die Bitch, die du liebst, den Mercedes, den du fährst«, notierte ich mir das in meinem inneren Notizheftchen. Ich fühlte das. Auch ich empfand es genau so: Es ist *me against the world*. Das war immer so gewesen. Einzelkämpferin für immer.

Aber meine Einstellung zu Konkurrenz sollte sich im Laufe der Zeit wandeln …

Die meiste Zeit meines Selbstständigendaseins habe ich Konkurrenz nicht nur gescannt, ich habe sie verschlungen. Ich musste alles wissen. Wer hat welche Kampagne wie gemacht? Wie waren die Zahlen? Auf die Gefahr hin, dass das arrogant klingen mag, kann ich heute trotzdem sagen, dass ich in der Retrospektive selten fand, dass jemand etwas besser gemacht hat als ich. Aber wenn es mal passiert ist, habe ich eine Woche lang nicht gepennt. Ich warf mich in meinem Bett von einer Seite zur anderen und dachte mir: *Scheiße, bin ich etwa nicht mehr die Beste? Macht mir jemand meinen Platz streitig?* Ich habe alles auf mich bezogen. Die Angst, ersetzbar zu sein oder zu versagen, war verheerend für mich. Meine Einstellung zu Konkurrenz war zutiefst toxisch.

Heute kann ich das einordnen. Denn natürlich war nicht Rap und dessen Mentalität schuld daran, dass ich besessen davon war, meine Konkurrent*innen zu überflügeln und allen zu zeigen, dass ich die Einzige bin, *die* GOAT. Von Kindheit an war ich es gewohnt gewesen, das »gute« Kind sein zu müssen. Meine Schwester und ich standen in keiner klassischen Geschwisterkonkurrenz. Wir buhlten nicht in dem Sinne um Aufmerksamkeit, Lob und Liebe, wie es Geschwister sonst so häufig tun. Unsere Dynamik war, dass ich immer alle Erwartungen übertreffen musste, um auszugleichen, was meine Schwester so alles in den Sand setzte. Irina machte meine Eltern traurig, also musste ich sie glücklich machen. Irina stritt mit Mama, also musste ich für Frieden sorgen. Irina war wieder mit der Polizei nach Hause gekommen, also musste ich eine Eins nach Hause bringen. Ich versuchte immer auszubalancieren, was gerade fehlte, um meinen Eltern Last abzunehmen und irgendwie auch meine Schwester aus der Schusslinie zu holen. Und das war nicht mit Durchschnitt zu bewerkstelligen. Ich musste immer mehr sein als Durchschnitt.

Natürlich nahm ich dieses Anspruchsdenken an mich selbst mit in meine berufliche Karriere. Dass die Musik- und Medienbranche zusätzlich eine kompetitive Industrie ist, verstärkte diese Gefühle, es allen zeigen zu müssen, und darüber hinaus, alles links und rechts wegzubeißen, weil ich mich in vielerlei Hinsicht als Außenseiterin fühlte. Ich war eine Frau, ich war aus der Unterschicht, also musste ich zeigen, dass ich die Männer hopsnehmen kann, um mich zu beweisen. Um mir die Sicherheit zu erkämpfen, dass ich nicht ersetzt werden würde, weil ich doch eigentlich gar nicht hierhergehörte.

Viele reden in der Musikindustrie vom Druck, unter dem die Artists stehen. Und das tun sie auch. In diesem Jahr haben weibliche Artists wie KeKe verkündet, sich aus der Musikindustrie zurückziehen zu wollen, weil sie sich darin selbst verloren hätten. Konkurrenz- und Leistungsdruck spielen dabei bestimmt auch eine Rolle.

Es geht nicht nur den Artists so. Ich erlebte häufig, dass, wenn ein Album floppte, es nicht die Artists waren, die von ihren Labels gedroppt wurden, sondern Leute wie zum Beispiel die Promoter*innen. Wir wurden einfach ausgetauscht, weil die Labels natürlich jemanden brauchten, auf den oder die man zeigen konnte, wenn was nicht lief. Das kurbelte den Konkurrenzdruck und die Angst, jemand anderes könnte dich ersetzen, wenn du nicht immer überperformst, natürlich massiv an.

Konkurrenzdenken kann zu einer Sucht werden. Bei mir war es definitiv so. Die Angst, nicht zu genügen, nicht die Beste zu sein, führte dazu, dass ich irgendwann besessen war von dem Gedanken, sämtliche Konkurrenz als existenzielle Bedrohung wahrzunehmen. Wenn jemand irgendwas gemacht hatte, was ich noch nicht gemacht hatte, hörte ich direkt diese Stimme in meinem Ohr: »Du bist abgelöst. Jetzt wurdest du überholt. Jetzt geht alles den Bach runter. Niemand wird mehr mit dir arbeiten wollen. Du hast versagt.« Die Ängste in meinem Kopf waren echt. Aber ich habe sie auf die anderen projiziert, was falsch war.

Als ich mich 2019 aus dem Deutschrap rauszog und meine Festanstellung bei *Sony* antrat, verschwand diese Neurose, zum Glück. Erstens, weil ich natürlich keine Einzelkämpferin mehr sein musste, deren Existenz und die ihrer Kolleginnen allein von ihr selbst abhing. Jeden Monat kam das gleiche Gehalt auf mein Konto, und wenn ich mal krank war, hieß das nicht automatisch, dass Geld und Opportunities flöten gingen. Der Druck war etwas rausgenommen. Zweitens lehrte mich mein Team, wie viel ich verpasste mit der Einstellung, die ich über Jahrzehnte hinweg entwickelt hatte. In den letzten Jahren habe ich gelernt: Konkurrenz ist gut, denn wenn du siehst, dass andere etwas Geiles machen, worauf du nicht gekommen bist, ist das die beste Inspiration, die du kriegen kannst. Konkurrenz lehrt dich Hands-on-Lektionen aus dem echten Leben. Konkurrenz kann auch Türen für dich öffnen. Wenn jemand revolutionäre Ideen nach vorn pusht, dann ist das auch für die Konkurrierenden gut, selbst wenn es nicht die eigene Idee war. Wenn deine Konkurrenz Siege einfährt, dann kannst auch du indirekt davon profitieren. Nutze das!

Ein weiterer positiver Aspekt, den ich inzwischen dem Wettbewerb abgewinnen kann, ist: Wenn du keine Konkurrenz hast, schläfst du ein. Der Unternehmer Robert Bosch soll einmal gesagt haben: »Wenn ein Unternehmen auf Dauer bestehen und fortschrittlich bleiben will, gibt es nichts Schlimmeres, als keine Wettbewerber zu haben.« Ich denke, er hat damit recht. Wenn da niemand ist, der als Orientierungspunkt für dich fungieren kann, als gesunder Vergleich, dann kann man sich genauso verlieren, wie wenn man nur nach links und rechts guckt. Es ist wie bei einem Matrosen auf hoher See: Wenn es keine Sterne und Leuchttürme gäbe, die ihm mit ihrem Licht den Weg weisen, würde er im gleichbleibenden Blau der Leere verschluckt werden. Wer keine Konkurrenz hat, verpasst eventuell etwas, ohne es zu merken. Wettbewerb spornt einen an, gegenzuchecken, wie gut man eigentlich selbst ist im Angesicht der Konkurrenz.

Um zu den GOATs zurückzukommen: J. Cole, ein US-amerikanischer Rapper, der in den GOAT-Diskussionen der New-School-Generation häufig neben Kendrick Lamar und Drake als einer der Top-3-Rapper-of-all-times genannt wird, hat in einem Interview über seine Konkurrenten um den Platz an der Spitze mal Folgendes gesagt:

>*»I would assume it's just like basketball in a sense. It's like, man, these are the guys that push you, and you gotta push them.*
You know what I mean?
I've never been a reach-out person, especially because when there's competition involved … It's almost like working out together.
I guess, in the NBA, in the past, that was unheard of. Like, ›Why would I work out with this n***a? … I'm trying to destroy this n***a.‹ That was kind of

*my mentality early on. But as I've
gotten older, I realize … no one is
truly my peer or can relate to what's
going on in my life better than these
people right here – just in terms of
whatever pressures there might be …
nobody can really relate to that like
these dudes.*«

Grob übersetzt sagt er, dass es ihm zu Beginn seiner Karriere nur um den Wettbewerb gegangen sei und er nie
versucht habe, Kontakt zu seinen Konkurrenten aufzunehmen, weil er das Gefühl gehabt hätte, dass sie alle um den
Platz an der Spitze gekämpft hätten und er sich nicht in die
Karten habe gucken lassen wollen. Er habe gedacht, das
sei ein Nachteil. Aber diese Sichtweise habe sich geändert,
je länger er in der Industrie gewesen sei. Ihm sei klar geworden, dass seine Konkurrenten auch jene Menschen
sind, die ihn am besten verstehen könnten. Sie kämpften
dieselben Kämpfe, litten unter demselben Druck. Man
könne von seinen Konkurrenten besser lernen als von irgendjemand sonst.

Ich fühle diesen Standpunkt sehr.

Dass in meinem Leben mehr Sicherheit einkehrte und mit
dem Tod meiner Schwester einige Verantwortung von mir
abfiel, waren Grundvoraussetzungen dafür, dass ich meine
Einstellung gegenüber Konkurrenz überhaupt gesunden
lassen konnte. Solltet ihr also eine toxische Beziehung zu
Konkurrenz und Wettbewerbsdenken haben, die ihr ein-

fach nicht abschütteln könnt, trotz all der positiven Aspekte, die ich eben aufgezählt habe, dann fragt euch: Gibt es vielleicht Dinge in meinem Leben, die ich (erst mal) ändern muss, um voranzukommen?

Nicht immer liegt es in unserer Hand, diese Dinge »einfach« zu ändern. Aber manchmal ja doch. Und es ist nie zu spät, die Verantwortung für das eigene Leben in die Hand zu nehmen. Auch wenn das mitunter mit harten Einschnitten und Neuanfängen einhergehen sollte. Oder wie es der »King of Rap« schon so schön in einem Song formuliert hat:

> »Glaub nicht, jeder ist gegen dich und ein Hindernis
> (Sei nett und bescheiden) Korrekt und fleißig und du
>   kannst alles erreichen
> Hör auf zu zweifeln, denn gestern ist Vergangenheit und
>   morgen ein Rätsel
> Doch heut vielleicht noch der beste Tag deines Lebens.«

Lektion 11:

Alleinsein können ist ein Skill, erlerne ihn!

Für 300 Euro kann man sich aktuell im Jahr 2024 folgende Dinge leisten: einen iPod touch, einen großen Wocheneinkauf für zwei Personen (Bio!) oder ein 1,5er-Sitzelement von Ikea namens Jättebo (runtergesetzt!). Vielleicht kriegt man irgendwo in Adlershof noch ein WG-Zimmer für 300 Euro, könnte aber schon knapp werden. Im Jahr 2001 sah das noch anders aus. 300 Euro konnten dich nicht nur zur Mieterin einer ganzen Wohnung in Neukölln oder Wedding machen, sondern sie konnten der Start eines komplett neuen Lebens sein. Zumindest war das bei mir der Fall. Ich erinnere mich, wie ich die bunten Scheine in meiner Hand betrachtete. Ein schöner sattgrüner Hunderter, fast druckfrisch, ich war es, die ihm die ersten Falten verpasste, als ich ihn neben den drei Fünfzigern, zwei Zwanzigern und einem Zehner aus dem staubigen Schlitz des Bankautomaten zog. Ich erinnere mich an das verheißungsvolle Knistern der Scheine, wenn ich sie zwischen den Fingern aneinander rieb und dann wieder zurück in meine Hosentasche steckte.

Ich glaube zwar nicht an Pseudo-Wissenschaften wie Numerologie, Angel Numbers und diesen ganzen Kram, aber wenn man nachliest, was die Zahl 300 in diesen Disziplinen bedeutet, ist doch ganz interessant, was da geschrieben steht: »Die Zahl 300 ist eine Kombination aus den Schwingungen der Zahl 3 und den Energien der Zahl 0, wobei die Zahl 0 doppelt vorkommt und sowohl ihre eigenen Energien als auch die der Zahl 3 verstärkt und vergrößert. Die Zahl 3 steht in der Numerologie für Optimismus und Enthusiasmus, Kommunikation und Selbstdarstellung, Inspiration und Kreativität, Expansion und Wachstum und Manifestation. Die Zahl 3 hilft, sich auf den göttlichen Funken in sich selbst und in anderen zu konzentrieren und seine Wünsche zu manifestieren. Die Zahl 0 bringt eine Botschaft, die mit der Entwicklung der spirituellen Aspekte der eigenen Person zu tun hat. Sie wird als Beginn einer spirituellen Reise angesehen und verdeutlicht die Ungewissheiten, die damit verbunden sein können.«[*]

Papperlapapp. Ich glaube weder an einen Gott noch an Engel oder deren Vorlieben für gewisse Zahlenkombinationen. Von der esoterischen Bedeutung der Scheine in meiner Hosentasche wusste ich nichts, als ich damals am Gate des Flughafen Tegels saß und mit dem bunten Papier in meiner Hosentasche Händchen hielt. Aber symbolisch wirkt, was man so über die Zahl 300 sagt, im Nachhinein betrachtet schon irgendwie. Ich war tatsächlich im Begriff, eine Reise voller Ungewissheiten anzutreten, die lebens-

---

[*] Engelszahlen: Bedeutung der Engelszahl 300 (URL: https://engelszahlen. com/engelszahlen/engel-nummer-300/, Abrufdatum: 8.6.2024)

verändernd sein würde. Eine Reise, die mich weitertragen würde als die etwa 1100 bis 1200 Kilometer, die zwischen Berlin und London liegen. Ich war 20 Jahre alt und hatte beschlossen, alles, was ich habe, zu nehmen, in meine Hosentasche zu stecken und meinem alten Leben den Rücken zuzukehren. Die 1250 Euro Mobilitätshilfe, die ich vom Staat dafür erhalten hatte, dass ich umzog, hatte ich meiner Mutter überlassen. Alles, was auf meinem Konto war, waren die 300 Euro, die ich in einem Rutsch abgehoben hatte, um einen Schlussstrich zu ziehen. Ich würde Deutschland verlassen. Nächstes Ziel: England. Für immer? Wer weiß. Aber hier, am Flughafen Tegel, sollte in diesem Moment eine neue Ära anbrechen, die – wie ich heute weiß – auch nach ihrem Ende mein Leben für immer veränderte. Und ich startete sie mit gerade einmal magischen 300 Euro in der Tasche.

Sobald ich meine Ausbildung abgeschlossen hatte, machte ich also die Biege. In meinen Tagen als Superfan hatte ich meine ersten Reisen nach England gemacht und mich in die Insel verliebt, die an die Nordsee grenzt. Ich liebte die Musik, die Sprache. Ich war ein MTV-Kind und englische Popkultur hatte einen unfassbar prägenden Einfluss auf mich gehabt. Die Bilder der Musikvideos, Awardshows und Chart-Sendungen, die über unseren Röhrenfernseher geflimmert waren, hatten sich von meiner Netzhaut in meine Herzfasern gebrannt. England war für mich ein Sehnsuchtsort, ein Versprechen, so wie es die Welt der Popstars immer gewesen war. Ich verband beides miteinander. Ich hatte das Gefühl, ich gehörte dorthin. England war MEIN Ding.

Ich erhoffte mir außerdem, durch die räumliche Distanz zu Berlin auch eine emotionale Distanz zu allem, was für mich »Zuhause« bedeutete, kreieren zu können. Ich musste mich emanzipieren, und wäre ich in Berlin geblieben, hätte ich es nie geschafft, mich dem Druck und Trauma meines Aufwachsens und familiären Lebens zu entziehen. Ich würde nicht mehr so erreichbar für die Forderungen, Ansprüche und Drohgebärden meiner Familie sein, wenn ich erst mal ein Meer zwischen uns gebracht hätte.

Natürlich fühlte ich mich auch schlecht, den Trümmerhaufen zurückzulassen und mein eigenes Ding zu machen. Mein Vater war vor zwei Jahren gestorben, meine Schwester lebte inzwischen zwar allein, kämpfte aber nach wie vor mit ihrer Drogensucht, und meine Mutter übte extremen Druck auf mich aus, weil ich sie »allein« lassen würde. Aber es war überlebenswichtig für mich. Ich konnte nicht mein ganzes Leben verpassen aus einem übertriebenen Pflichtbewusstsein heraus. Natürlich würde ich sie weiter finanziell unterstützen. Aber ich musste es zumindest einmal probieren. Einmal meinen Finger in den Topf des Lebens tauchen, ohne den psychischen Druck, ohne Drogendealer und ohne Selbstmorddrohungen, und testen, wie es schmeckt. Süß? Bittersüß? War ich vielleicht allergisch darauf? Ich würde es nur herausfinden, wenn ich mich traute. Und als ich meiner Mutter erklärte, dass ich in England viel mehr Geld verdienen könne als in Deutschland, weil das Pfund mehr wert war und die Löhne höher, ließ sie mich etwas bereitwilliger gehen.

Meine beste Freundin und ihr damaliger Boyfriend hatten den großen Sprung über den Ärmelkanal bereits gewagt und waren in ein Örtchen im Südwesten Englands namens Cheltenham in Gloucestershire gezogen. Mir war klar: Ich muss da auch hin! Cheltenham war eine kleine Stadt, gelegen am Westrand der Cotswolds, dem sogenannten Herzens Englands. Seine hügeligen, grünen Landschaften und natürlichen Mineralquellen machen die Stadt zu einem beliebten Kurort, der außerdem bekannt ist für seine alljährlich stattfindenden Pferderennwochen. Cheltenham beheimatet außerdem eine der renommiertesten britischen Boarding Schools, das Cheltenham College. Saftige Hügel, Pferderennen, Internat, Pfingstrosengärten und Teatime mit Milch – das Ganze war *very british*.

Von Berlin ging es also 2001 für mich ins überschaubare und hübsche Cheltenham und nicht ins etwa 150 Kilometer entfernte aufregende London, wie man es vielleicht von mir erwartet hätte. Ich wollte bei meiner Freundin leben und dachte mir: *Big City Life* kenne ich ja schon. Und wenn ich mal nach London will, ist es nicht allzu weit entfernt. 150 Kilometer hat man in zwei Stunden schnell hinter sich gelassen.

Ich war bereit für einen richtigen Neuanfang. Ich bin nicht einfach nur für ein paar Monate auf »Mal gucken«-Basis nach England gezogen. Ich bin richtig ausgewandert. Mit »Tschüss für immer«, *social security number* und »Ich LEBE jetzt hier«-Attitüde. Ich hatte nicht vor, jemals wieder zurück nach Deutschland zu ziehen.

Ich wurde mit den Monaten eine richtige Engländerin in Cheltenham, auch wenn ich den Akzent, den ich so sehr liebe, nie so richtig gemastert habe. Ich begann, mich neu zu erfinden und ich glaube, ich habe selten in meinem

Leben so viel Freiheit genossen und gespürt, wie damals in dem kleinen, poshen Studistädtchen im Südwesten Englands. Ich ging feiern bis morgens um acht, hing vor, hinter und über den Tresen diverser Clubs, Bars und Pubs, trank die Nächte durch mit Jungs, die ich an dem Abend erst kennengelernt hatte und danach nie wieder sah, und wachte am nächsten Tag mit den Armen voller Stempel, den Klamotten voll mit altem Rauch und abgebrochenen High Heels auf und war: glücklich. Unbeschwert. Ein Gefühl, das mir in Berlin quasi unbekannt gewesen war. In Berlin war ich immer sehr schüchtern gewesen, denn entweder kannten die Leute meine Schwester und hatten deswegen Angst vor oder Mitleid mit mir oder sie waren zu *cool for school* und ich kam nicht in die Kreise rein, weil ich selbst nicht hübsch oder cool genug war. Aber in England änderte sich das. In Cheltenham habe ich alles gemacht. Es war wichtig, auch diese Phase durchlebt zu haben. Die Distanz zu meinem alten Leben, meinem alten Ich, gab mir die Freiheit, mich auszuprobieren. Ich hatte dort plötzlich das Selbstbewusstsein, das schon immer in mir gesteckt hatte, aber erstickt worden war.

Zugegebenermaßen ging ich die ganze Auswanderernummer sehr naiv an. Ich hatte nichts wirklich geplant. Ich zog bei meiner Freundin ein, und dann hieß es erst mal: *Get a fucking job.* Aber das hatte ich ja schon immer gut gekonnt. Ich bewarb mich bei allen möglichen Kaufhäusern und hatte direkt fünf Zusagen bei fünf Bewerbungen. Ich zog in eine kleine Wohnung mitten in der High Street, der Einkaufsstraße von Cheltenham, und begann im British Home Stores zu arbeiten, der keine zwei Minuten zu Fuß entfernt war. Eigentlich hätte ich gerne in der Klamotten-abteilung gearbeitet, aber ich kam mit den weiblichen Mit-arbeiterinnen nicht klar und so landete ich bei den Jungs in der Homeware-Abteilung, verkaufte Lampen, und das nicht selten mit dem Restalkohol des vorangegangenen Abends in den Venen. Ich habe meine Kollegen geliebt, die ge-nauso verschallert waren wie ich, aber den Job habe ich gehasst. Ständig sollte ich Leuten irgendwelche Goldkar-ten andrehen, was mir zutiefst widerstrebte, und mit mei-nen 1,50 Metern Körpergröße war das Rumschleppen, Auspacken und Aufstellen von schweren Möbeln und Ein-richtungsgeräten auf Dauer auch nicht gerade ideal. Ich flog nach kurzer Zeit aus der Homeware-Abteilung raus. Komischerweise bekam ich keinen Herzinfarkt und Blut-sturz deswegen. Es juckte mich nicht mal sonderlich. Eine Reaktion, die für mich heute unvorstellbar ist im Angesicht einer Kündigung. Egal. Ich war in einem fremden Land, zum ersten Mal auf mich gestellt – und plötzlich ein biss-chen orientierungslos. Aber irgendwie kam ich klar. Ich ernährte mich vier Wochen lang von Cornflakes, bis ich meinen nächsten Job geklärt hatte. Ich begann bei einer Versicherung zu arbeiten, wo ich für die Bearbeitung der Todesfälle verantwortlich war. Da das aber nicht genug Geld abwarf (ich unterstützte ja nach wie vor meine Fami-lie), stand ich nachts als Barfrau hinterm Tresen eines Pubs und füllte danach manchmal noch die Regale des Super-marktes bei mir um die Ecke auf. Ich habe mich noch nie davor gescheut, alles zu machen und mir den Arsch auf-zureißen. Ob das nun hieß, frisch verwitweten Frauen am Telefon zu erklären, wie sie die Versicherungssumme ihres verstorbenen Mannes abcashen können, oder Dosenbohnen in die Metallschränke bei Tesco zu stapeln, bis meine Augen vom Schein des Neonlichts und der Müdigkeit brannten. Ich kannte es nicht anders von meiner Mutter, die auch immer ein Hustler gewesen war. Ich war mir nie zu schade für irgendwas und hatte einen gesunden Pragmatismus, was das Geldverdienen anging. Vielleicht kommt daher auch meine Zuversicht, Neues auszuprobieren und mich jeglicher ungewohnter Situation anpassen zu können.

Ich glaube, wäre ich nicht nach Deutschland zurückgekehrt und hätte meine Karriere in der Musikindustrie zur Boje erhoben, die mich vor dem Ertrinken in meinem persönlichen Drama bewahrte, würde ich heute vielleicht immer noch in dieser Versicherung in Cheltenham arbeiten. Vielleicht hätte ich einen Ehemann, vier Kinder und ginge sonntags zum Teetrinken zu meinen Schwiegereltern in den Garten. Und vermutlich wäre ich auch glücklich damit. Ich war gut in dem Job, auch wenn er mich natürlich nicht so erfüllte wie meine spätere Karriere in der Musik. Wäre ich in England geblieben, hätte ich heute vermutlich ein komplett anderes Leben, wäre ein komplett anderer Mensch. Aber es kam anders.

Ich blicke auf meine Zeit in England mit einem warmen Gefühl zurück, obwohl dort auch viel Scheiße passiert ist. Ich traf viele Fehlentscheidungen auf persönlicher Ebene, führte eine furchtbare Beziehung, die mir ganz neue Formen von Trauma eröffnete, und musste am Ende leider mehr oder weniger unfreiwillig nach Deutschland zurückkehren. Meine Gesundheit machte mir einen Strich durch die Rechnung. Mir ging es körperlich sehr schlecht, und wie das bei vielen so ist, wenn sie krank werden, wollte auch ich wieder in der Nähe meiner Familie sein. So schwierig die Beziehung auch sein mag, wenn's bergab geht und man sich verletzlich und schwach fühlt, will man doch einfach nur bei seiner Mama sein. Mir ging es jedenfalls so. Also verließ ich nach etwa drei Jahren Cheltenham und zog zurück nach Berlin, in die Wohnung meiner Mutter. *Back to reality.*

Meine Zeit in England hat mich auf direkte und auf indirekte Weise wichtige Dinge über mich erkennen lassen. Sie zeigte mir, dass ich anpassungsfähig bin. Zu erkennen, dass ich überall überleben kann, gab mir Selbstvertrauen. Ich bin ein Chamäleon. Bevor ich meine Komfortzone, mein Zuhause, nicht verlassen hatte, wusste ich das nicht. Außerdem – und das ist die Lektion, auf die wir uns in diesem Kapitel konzentrieren wollen – zeigte mir mein Umzug nach England, dass ich allein klarkommen kann. Dass ich keine Angst vor dem Alleinsein haben muss. Ich war in ein fremdes Land gezogen, hatte es geschafft, mich dort anzumelden, Steuern zu zahlen, einen Job zu finden, den Job zu verlieren, einen neuen zu finden, Geld zu verdienen, Freunde zu finden – wenn ich das geschafft hatte, dann würde ich es auch schaffen, mir in der Musikindustrie meinen fucking Platz zu erkämpfen und meine Träume zu verwirklichen.

Ich lernte, dass ich keine Angst davor haben muss, eine eigene Firma zu gründen. Keine Angst davor, einen Partner zu verlassen, der mich scheiße behandelt, misshandelt und verletzt. Ich lernte dort, einfach Marina zu sein – was auch damit zusammenhing, dass ich weg von meiner Familie war. Bei uns Russen zieht man nicht einfach so aus mit 18. Ich hätte ewig bei meiner Familie gelebt, wäre ewig von meiner Mutter angerufen worden, wenn ich nachts unterwegs gewesen wäre, weil sie sich immerzu Sorgen gemacht hätte. Das wäre ewig so weitergegangen, wäre ich nicht nach England ausgewandert.

Es dauerte dann auch sieben Jahre nach meiner Rückkehr nach Deutschland, bis ich meine erste eigene Wohnung in Berlin bezog. Mit 30 habe ich in Deutschland das erste Mal allein gewohnt!

Es ist charakterbildend, seine Komfortzone zu verlassen. Ich habe schon als junge Frau unter vielen Ängsten gelitten. Ich hatte Angst vor dem Dunkeln, Angst vor Menschenmengen, Angst vorm Alleinsein. Als ich in England das Alleinsein gemeistert hatte, erkannte ich, dass ich keine Kompromisse eingehen muss, mit denen ich eigentlich nicht einverstanden bin, mich aber füge aus Angst, als Konsequenz am Ende allein zu sein. Ich bin früher bei Typen geblieben, in Freundschaften geblieben, in Jobsituationen geblieben, mit denen ich absolut nicht fein war, aber die zu verlassen ich zu verängstigt war.

Heute führe ich seit zwölf Jahren eine glückliche Partnerschaft, die es mir erlaubt, auch allein zu sein, mit einem Mann, der seinerseits auch allein sein kann. Jede*r darf sich ihren und seinen Raum nehmen, ohne dabei die Angst beim Gegenüber auszulösen, nicht mehr gewollt zu sein. Commitments sollten niemals eingegangen werden aus der Angst heraus, allein dazustehen, falls man nicht mitzieht. Je früher man lernt, die Zeit mit sich selbst nicht nur zu ertragen, sondern zu genießen und aus ihr wertvolle Energie zu schöpfen, desto schneller lernt man am Ende des Tages sich selbst zu respektieren. Und wer sich selbst respektiert, der kann besser für sich selbst einstehen. Erkenne die Einsamkeit an, wenn sie dir begegnet und begrüße sie wie eine noch fremde Freundin, die bei dir vorbeischaut. Lerne sie erst mal kennen. Sie wird nicht ewig bleiben. Nutze die Zeit mit ihr, um von ihr zu lernen, und wenn sie sich wieder verabschiedet, wirst du klüger sein, als du es vorher warst.

Für sich selbst einzustehen, erfordert Mut und den Willen, sich hier und da auch mal unbeliebt zu machen. Wer Angst vorm Alleinsein hat, dem wird es schwerfallen, die Entscheidungen zu treffen oder Gespräche zu führen, die leider manchmal notwendig sind für positive Veränderung, sei das am Arbeitsplatz oder im Privatleben. Um diese wichtige Lektion geht es in unserem nächsten Kapitel.

Lektion 12:

Hass mich jetzt, lieb mich später

Es gibt gewisse Orte, an denen die Gesetze von Raum und Zeit aufgehoben zu sein scheinen. Auch die unausgesprochenen Regeln des sozialen Miteinanders sind dort irgendwie ausradiert. Kleine Inseln der Anarchie, auf denen man gleichzeitig in totaler Beobachtung und Anspannung rumdümpelt. Flughäfen sind ein solcher Ort. Oder Krankenhäuser. Ich blicke auf meine Hände und merke jetzt erst, dass sie zu Fäusten geballt sind. Meine Venen treten blaulila von meinen Handrücken hervor, die Haut wirkt wegen des Neonlichts gespenstisch farblos. Wie so ädrige Omafüße, denke ich mir und entspanne meine Hände. Langsam nehmen sie wieder Farbe an. Wie lange sitze ich hier schon? 20 Minuten? Zwei Stunden? So lange, dass sich meine Hände in Omafüße verwandelt haben?

»Marina, sie ist aufgewacht!« Ich blicke auf und gucke ins Gesicht meiner Mutter, das ebenso gespenstisch aussieht wie eben noch meine Hände. Ihre Stimme zittert. Ist es vor Aufregung? Oder aus Angst, die ihre Finger zwischen den Silben ihrer Wörter hindurchstreckt wie durch die Lamellen einer Jalousie? Ich seufze. Aufstehen, ein

Fuß vor den anderen. Mach einfach. Als ich mir meinen Weg an den Schwestern vorbei zum Zimmer meiner Schwester bahne, treffen sich unsere Blicke. Granit auf Granit, unversöhnlich, hart krachen sie aneinander und hinterlassen unsichtbare Splitter in meinem Fleisch. Ihre Worte hallen noch in meinem Inneren nach. Wir waren gerade mal fünf Minuten hier gewesen, da war schon Streit ausgebrochen.

»Wir tun unser Bestes, um sicherzustellen, dass alle Patienten angemessen versorgt und behandelt werden. Aber wir müssen auch auf die Sicherheit und das Wohlergehen aller Patienten im Krankenhaus achten.« Auch meine eigenen Worte hallen nach. Wie ich geschnaubt und auf den Tresen der Rezeption gehauen habe. »Sicherheit und Wohlergehen? Meine Schwester ist süchtig. Sie hat ein kaputtes Herz und braucht Hilfe, keine Verachtung und Missachtung. Sie ist ein Mensch und verdient Respekt und Mitgefühl, genau wie jeder andere hier!« Wie alle Umstehenden daraufhin betreten geguckt haben und zu tuscheln begannen. »Niemand sollte sich so fühlen müssen, besonders nicht in einem Krankenhaus!« Wie ich den Stapel Papiere vom Tresen gefegt habe und einige russische Beleidigungen mit ihnen durch die Luft geflogen sind. Ich versuche die Gedanken gemeinsam mit meinem Blick von den Schwestern abzuwenden und betrete das Zimmer meiner Schwester, setze mich an ihr Bett. Meine Mutter beginnt leise auf Russisch mit ihr zu sprechen. Ich kriege kaum ein Wort heraus. Ich sitze einfach da, das Summen der Maschinen erfüllt meinen Kopf, als hätte sich ein Bienenschwarm dort eingenistet. Krankenhäuser sind die lautesten Orte der Welt, außen wie innen. Es ist wirklich unglaublich, dass sie wieder hier sitzt, spricht, atmet, der Blick scharf und ungebrochen. Irina ist eine Naturgewalt. Ist sie immer gewesen. Wild, zerstörerisch, unaufhaltsam, aber auch furchtlos, stark, nicht zu bändigen. Nicht mal der Tod hat es geschafft, seine Arme um sie zu legen und sie zu zähmen. Noch nicht, zumindest. Da sitzt sie wieder in ihrem Krankenhausbett, Schläuche, Nadeln und Pflaster zieren ihren Körper, als trüge sie feinste Couture, und sie nimmt die Hand meiner Mutter fest in ihre. »Ich muss nach Hause Mama. Bitte. Ich halte das hier nicht aus!« Meine Mutter versucht es mit einem Lächeln, aber eigentlich ist es eher ein Muskelzucken. »Irina, ich verstehe ja, dass du ungeduldig bist, aber die Ärzte wissen, was am besten für dich ist.« Irina lässt die Hand meiner Mutter los. »Ich weiß am besten, was am besten für mich ist.« Und ich weiß, was jetzt passiert. Ich sitze nach wie vor stumm da, in meinem inneren Exil, und sehe, wie die Miene meiner Schwester immer härter, unversöhnlicher, starrer wird, meine Mutter hingegen wird immer weicher, kleiner und runder, während Irina auf sie einredet. Sie sind wie ein Yin-und-Yang-Zeichen, bei dem der schwarze Teil sich immer größer aufbläht, in die Grenzen des weißen überschwappt und ihn schlussendlich fast ganz verschluckt, bis da nur noch ein winzig kleiner weißer Punkt übrig bleibt. Es dauert vielleicht eine halbe Stunde, bis meine Schwester das Nein meiner Mutter in ein Ja transformiert hat. Als wir die Entlassungspapiere unterschreiben, sehe ich einen Schuhabdruck an dem Tresen der Rezeption. Ich muss ihn da hinterlassen haben, als ich mit den Schwestern gestritten habe. Ich spüre ihre Blicke, wie sie mich mustern, während meine Mutter mit zitternden Händen das Dokument vor sich mit dem Kugelschreiber traktiert, als würde sie Initialen in eine Baumrinde ritzen. Ich gucke weg und meide ihre Blicke. Ich habe keinen Bock mehr auf Streiten. Im Kampf zwischen meiner Schwester und meiner Mutter bin ich zur stillen Beobachterin geworden, die nichts mehr retten kann.

Meine Mutter war ein extremer Peoplepleaser, wenn es um meine Schwester oder die Familie ging. Sie konnte niemandem etwas verwehren. Als mein Vater starb und seine Familie aus Israel zu uns kam – nicht um zu helfen, sondern um Habseligkeiten auszusortieren –, gab meine Mutter ihnen alles, was sie wollten (was nur die wertvollsten Gegenstände waren), obwohl sie wusste, dass wir das Geld sehr gut selbst hätte gebrauchen können. Und als meine Schwester gegen ärztlichen Rat aus dem Krankenhaus entlassen werden wollte, nachdem sie eine Herzoperation knapp überlebt hatte, konnte meine Mutter ihr auch diesen Wunsch nicht abschlagen. Irinas Wunde entzündete sich zu Hause. Sie musste zurück ins Krankenhaus, fiel für einige Tage in ein Koma, wachte noch ein letztes Mal auf, bis sie schließlich doch kurze Zeit später im Hospiz verstarb.

Ich weiß nicht, wie oft ich mit meiner Mutter über ihre Nachgiebigkeit gestritten habe im Laufe meines Lebens. Warum sie nicht Nein sagen konnte. Das fing schon früh zu Hause an. Meine Mutter gab meiner Schwester Geld, damit sie sich nicht prostituierte, und ich tat später dasselbe. Es war falsch, wir wussten es, aber vor allem meine Mutter

konnte nicht anders. Meine Schwester hat die Türen einge-
treten und geschrien, dass sie sich umbringt, bis meine
Mutter ihr Geld gab. Und ich gab später meiner Mutter
Geld, um meine Ruhe zu haben. Zu Irina hätte ich Nein sagen können, aber nicht zu meiner Mutter. Mütter haben
eben ihren besonderen Platz in unserem Herzen, ganz
egal, wie oft sie es schon mit Füßen getreten haben mögen. Leute in unserem Umfeld warfen uns vor, wir förderten
die Drogensucht meiner Schwester, und vermutlich hatten
sie recht. Ich entwickelte im Laufe meines Lebens eine unglaubliche Wut deswegen. Ich war so wütend, dass es so
einfach war, meine Mutter zu manipulieren. Ich stritt oft mit
ihr darüber, dass wir diesen Zirkel durchbrechen müssten,
um Irina wirklich helfen zu können. Wir müssten das Nein
zulassen, um eine Zukunft möglich zu machen. Ohne ihr
Nein sei mein Nein unmöglich. Aber es half nichts. Ich gab
es irgendwann auf. Ich konnte sie nicht ändern. Das Einzige, was ich beeinflussen konnte, war, wie ich mit solchen
Situationen umging. Vielleicht bin ich deswegen so resolut
und direkt geworden. Ich entwickelte ein Kredo: »Hass
mich jetzt, lieb mich später«. Es ist eine Regel, mit der ich
mich häufig unbeliebt gemacht habe. Aber langfristig hat
sie sich immer bewährt.

Als Peoplepleaser wirst du schnell ausgenutzt. Ich bin teilweise selbst sehr harmoniebedürftig, was mit meinen Ver-
lustängsten zusammenhängt. Es fällt mir nicht leicht, Freundinnen oder meinem Partner Dinge abzuschlagen. Ich bin
aber kein Peoplepleaser. »Nein« ist ein ganzer Satz. Und ein
Nein kann viele Dinge erleichtern und besser machen.

Früher habe ich Peoplepleasing mit Schwäche gleichgesetzt. Heute versuche ich zu ergründen, warum jemand ein solches Bedürfnis nach Harmonie hat. Ich weiß, dass meine Mutter aus schlechtem Gewissen handelte, wie sie handelte. Weil sie wusste, wie schlimm Irina geschlagen worden war von Papa und ihr und wie viel Schmerz Irina mit den Drogen zu betäuben versuchte. Ich sage nicht, dass es deswegen gut war, wie meine Mutter sich verhielt. Aber ich verstehe es. Man sollte sich nur gewahr sein, wie viel Schaden man anrichtet, wenn man sich davor scheut, für einen Moment gehasst zu werden.

Das gilt auch im Beruflichen. Wenn du ein Team leitest, kannst du kein Peoplepleaser sein. Manchmal sorgt man gerade durch die Vermeidung eines Konflikts für mehr Krisen, in die dann auch noch das ganze Team reingezogen wird.

Ich war immer eine Außenseiterin und vielleicht half mir das dabei, mein Kredo in meiner Karriere kompromisslos in die Tat umzusetzen. Ich habe heute absolut kein Problem mehr damit, Leuten straight ins Gesicht zu sagen, wenn ich etwas scheiße finde. Denn allzu oft hat sich mein Mantra »Hass mich jetzt, lieb mich später« schon als nützlich bewiesen. Das jüngste Beispiel ist meine Zusammenarbeit mit Kool Savas, die wegen dieser Einstellung schlussendlich auch enden musste. Savas ist jemand, der sich immer gerne mit Leuten umgibt, die ihn feiern. Wir haben das den »John-Bello-Modus« genannt. Es gab immer wieder Situationen, in denen ich den John-Bello-Modus gestört habe. Darum lief man zum Beispiel beim Echo ohne mich über den roten

Teppich, weil man vermutete, ich könne Nein sagen zu Presseoutlets wie der *BILD* – da ließ man mich lieber außen vor. Ich sprach so etwas immer an. Wenn sich Leute aus seinem Umfeld danebenbenahmen, war ich die Einzige, die ihm das ins Gesicht sagte, während andere lieber die Leitung hinter dem Rücken wählten. Am Ende war ich dann natürlich diejenige, auf die man sauer war. Dabei war ich einfach nur die Einzige, die ehrlich gewesen war und es gut mit ihm gemeint hatte. Das Verhalten seines Umfelds hätte nämlich durchaus negativ auf ihn zurückfallen können und ich wollte ihn davor bewahren. Das wollte er aber nicht hören. Ich verhielt mich nicht wie einer der Bros, sondern wie ein Korrektiv in diesen Momenten. All die negativen Messages, die ich ihm immer wieder überliefern musste, wenn es notwendig war, führten dazu, dass ich irgendwann raus war. Mich schmerzte das anfangs sehr. Er war der für mich bedeutendste Künstler meines Lebens, und mit ihm zu arbeiten, war immer eine Riesenehre für mich gewesen. Wir haben Geburtstage zusammen gefeiert, Erfolge, Goldverleihungen – wir waren über die Jahre Freunde geworden. Aber dann war ich eben abgeschrieben.

Jahrelang hatten wir kaum Kontakt. Bis mich irgendwann mehrere Frauen aus der Szene kontaktierten und mir von sexistischem Verhalten seinerseits berichteten. Auch mir gegenüber hatte er im Laufe der Zeit Sprüche gebracht, die nicht in Ordnung gewesen waren, und angesichts der Fülle an Beschwerden wusste ich, dass ich ihn konfrontieren musste. Wenn ich es nicht machte, würde es niemand tun – oder es noch dicker für ihn kommen. Wir haben intensive Gespräche geführt, die am Ende dazu führten, dass ich ihn aufforderte, offen seine Fehler einzugestehen. Nicht nur für sich, sondern auch für uns Frauen. Es war wichtig, dass auch mal ein Mann, ein »Täter«, nach vorn ging und bestätigte: *Ja, diese Dinge passieren wirklich. Frauen denken sich das nicht aus.* Leider glaubt man in diesen Belangen den »Tätern« häufig mehr als den »Opfern«. Und tatsächlich gab er dann ein ehrliches Interview im *Spiegel,* in dem er über Sexismus in der Szene und seine eigenen Fehler sprach. Im Nachhinein war er dankbar, dass ich ihn dazu gebracht hatte, diese Dinge über sich einzugestehen, auch wenn es unangenehm war. Das weiß ich heute. Meine Neins führten langfristig betrachtet zu positiver Veränderung, die keiner der Jasager bewirkt hätte.

Wir sind einander nie wieder so nah geworden, wie es früher war. Aber ich weiß, dass er mir dankbar ist und heute sehen kann, warum vieles notwendig war und dass es zu seinem Besten geschah.

Ich will aber auch nicht so tun, als sei ich perfekt und hätte jede Ungerechtigkeit direkt mit einer Sense niedergemäht. Ich muss rückblickend auch erkennen und eingestehen, wo ich falsch lag und Verhalten enabled habe, das nicht in Ordnung gewesen war. Situationen, in denen ein Nein angebracht gewesen wäre und ich es nicht über die Lippen gebracht habe, weil es mir gar nicht in den Sinn gekommen ist. Ich hatte dazu kürzlich ein Gespräch mit meiner ehemaligen Kollegin Polly. Es ging um das Thema Groupies. Polly und ich waren zwar auch Frauen, die viel Zeit mit Rappern verbrachten (hauptsächlich ja aus beruflichen Gründen), aber wir sahen uns in einer anderen Sparte als *diese* Frauen. Für uns waren das Mädels, die *freiwillig* da waren, um Sex mit Rappern zu haben. Wir haben nicht über Machtverhältnisse nachgedacht. Darüber, dass, selbst wenn eine freiwillig im Backstage war, gewisse Situationen wie Gangbangs trotzdem gegen ihren Willen passieren konnten und dass das nicht OK war. Wir hatten keine Awareness darüber. Wir waren auch Opfer unserer Zeit. Wir wollten uns von diesen Frauen distanzieren, weil wir anders waren. Ich habe sie nicht einmal verurteilt. Ich wollte einfach nur auf gar keinen Fall mit ihnen in Verbindung gebracht werden, weswegen ich mich nicht mit ihnen solidarisierte und sie auch nicht schützte. Ich versuchte als Promoterin immer, so viele Klamotten wie möglich zu tragen, um ja nicht eventuell mit der »falschen« Sparte Frau verwechselt zu werden. Damit keiner auf die Idee kommen könnte, ich sei wegen etwas anderem hier als meinem Job. Und deswegen schaute ich weg, wenn es manchmal angebracht gewesen wäre, genauer hinzuschauen. Ich frage mich im Nachhinein häufig, was ich mir eigentlich gedacht habe, als ich in dem ein oder anderen Backstage saß und sah, wie die Frauen auf ihren Einsatz warteten. Bestimmt spielte in meine Haltung auch mit rein, dass ich selbst nicht die besten Erfahrungen mit Frauen gemacht hatte. Ich hatte mich in Frauengruppen häufig ausgeschlossen, gejudged und belächelt gefühlt. Ich fühlte mich in Männergruppen wohler, also akzeptierte ich ihr Verhalten mutwilliger. Der Philosoph Charles Fourier hat mal gesagt, Frauen würden an ihrer Befreiung unter anderem gehindert werden durch »die Tatsache, dass die Frauen, wie alle in Knechtschaft lebenden Klassen, sich untereinander hassen«.* Ich stimme ihm zu. Herrschaft hat noch nie so funktioniert, dass nur die herrschende Partei mitspielt. Und selbst wenn Frauen einander nicht hassen, so machen sie sich doch oft genug das Leben gegenseitig schwer und beteiligen sich an frauenfeindlichen Ritualen. Slutshaming, Bodyshaming, Ausgrenzung, weil man einem gewissen »weiblichen« Stereotyp widerspricht – es ist leichter, bei diesen Dingen mitzuspielen, als gegen ein System oder Ideal anzutreten, das uns dieses Verhalten beigebracht hat. Man fühlt sich auf diese Weise mächtig. Amber Rose, Ex-Freundin von Kanye West und inzwischen Initiatorin ihres »SlutWalks«, berichtete in einem Interview mal davon, wie sie früher selbst Slutshamerin gewesen sei und erklärte das wie folgt: *»Because that's what society taught me. That that is OK and that it was, what I was supposed to do.«*

Die Feststellung, dass sich Frauen auch sexistisch verhalten können, darf aber nicht zu dem Schluss führen, dass Frauen selbst an ihrem Elend schuld sind. Was sich aus dieser Erkenntnis ergibt, ist die dringlichere Frage, wie sich die Art von Zusammenarbeit beenden lässt, bei der Sexist*innen oder Menschen, die von Sexismus profitieren, gehuldigt werden und Frauen sich selbst und gegenseitig schaden. Ich glaube, das Kredo »Hass mich jetzt, lieb mich später« könnte einen Teil dazu beitragen. Das erfordert Mut. Es macht keinen Spaß, sich unbeliebt zu machen. Aber manchmal ist es notwendig.

---

* Stokowski, Margarete in: Spiegel Politik 2017: Fürchtet euch ruhig (URL: www.spiegel.de/politik/fuerchtet-euch-ruhig-a-48a37690-0002-0001-0000-000152270422, Abrufdatum: 8.6.2024)

Besonders Menschen im Dunstkreis erfolgreicher Personen sind häufig sehr schlecht darin, Nein zu sagen. Es gibt so viele, die zu allem Ja und Amen sagen oder jede*n, die oder der Kritik äußert, als Nestbeschmutzer*in diffamieren und den Artist bestätigen wollen, nur, um selbst besser dazustehen. »Ja, der will dich nur verarschen! Scheiß auf den!«, wird dann behauptet. Oder »Die will dich nur unten halten«. Du brauchst aber Menschen, die als Korrektiv für dich fungieren und nicht nur Bros, die meistens auch in der Sekunde weg sind, wenn's schwierig wird.

Manche Peoplepleaser saßen zwar sehr viel früher an Tischen, an denen ich nicht gesessen habe. Aber wenn du nie gut für dich selbst einstehst, wirst du auch nie richtig wahrgenommen werden. Ich habe bestimmt eine Million Mal in meiner Karriere den Satz gehört: »Ich habe Angst vor dir.« Ich habe das nicht verstanden. Ich wollte nicht, dass irgendjemand Angst vor mir hat. Aber manchmal ist die Wahrheit eben angsteinflößend. Bei einem Peoplepleaser verwässert sich die Wahrheit häufig, damit Harmonie herrschen kann. Ich bin immer »Team Wahrheit«. Und ich glaube fest daran, dass auf lange Sicht diese Einstellung gewinnen wird.

Und selbst wenn der ein oder andere Angst vor meiner direkten Art gehabt haben mag: Es brachte mich voran. Ich war bestimmt keine, die man übersehen konnte. Und ich veränderte die Dinge zum Besseren mit meiner Kritik – und tue es bis heute. Kürzlich war ich mit Zübi, eine Beauty-Influencerin, die ich manage, auf einem Event von einem großen Haarprodukte-Brand. Es gab eine Modenschau, in der neue Styles und Produkte vorgestellt wurden. Ich saß neben Zübi, betrachtete die Models und ein komisches Gefühl machte sich in mir breit. Ich blickte um mich. Alle waren begeistert. Strahlende Gesichter und applaudierende Hände, wohin man nur blickte. Zübi war seit Langem scharf darauf, mit einem Sublabel des großen Konzerns zusammenzuarbeiten, das sich stärker an einem jüngeren Publikum orientierte. Als wir einer der Vertreterinnen der Marke im Anschluss der Show in die Arme liefen, wurde diese von Zübi darum natürlich erst mal mit Lob überschüttet. Irgendwann wandte die Frau sich an mich und fragte: »Und du? Wie fandest du es?« Ich sah, wie Zübis Augenbrauen sich skeptisch zusammenzogen, denn sie hatte meine Reaktion während der Show natürlich bemerkt.

»Ehrlich gesagt, habe ich ein paar Fragen«, antwortete ich. Das Lächeln auf dem Gesicht der Vertreterin gefror ein wenig. »Warum sind eigentlich alle Models in der Show zaundürr und 1,90 Meter groß? Hier geht es doch um Haare, oder nicht?« Ich konnte spüren, wie Zübi neben mir abkackte. Aber die Vertreterin reagierte überhaupt nicht wütend auf mein Feedback, als ich ihr begann, meine Gedanken zu erklären. Abgesehen vom Inklusionsanspruch, sei es auch aus wirtschaftlicher Perspektive nicht wahnsinnig schlau, nur eine Form von Frauen für Haarprodukte zu zeigen. Frauen, die vielleicht gewisse Defizite in Sachen Größe, Gewicht oder Haut haben, worauf setzen die denn? Haare! Wie sollen sich diese Frauen dann abgeholt fühlen?

Und wisst ihr was? Die Vertreterin war begeistert und bedankte sich bei mir, denn dieser Aspekt war ihr gar nicht aufgefallen. Am Ende des Abends tütete ich dank meines »Gemeckers« einen Deal mit dem Brand für Zübi ein.

Ich weiß, es ist schwer, ein Nein zu akzeptieren und manchmal noch schwerer, ein Nein auszusprechen. Aber wenn ihr gute Intentionen habt, dann wird man es sich merken. Es ist ein Zeichen von Charakterstärke und Selbstvertrauen, sich zu trauen, für eine Sache und gegen ein Interesse zu handeln. Und damit kommen wir direkt zu unserer nächsten Regel.

Lektion 13:

Das Zauberwort lautet Authenz

Zuallererst: Ja, ich weiß, das grammatikalisch korrekte Wort lautet »Authentizität«. Authenz ist ein Hiphop-Ding - die, die wissen, wissen. So. Da wir das geklärt haben, kommen wir zum eigentlichen Thema dieses Kapitels. Die Authenz also. Vielen der vorangegangenen Regeln (»Sei dein eigener größter Fan«, »Erkenne deine Superpower«, »Hass mich jetzt, lieb mich später«) liegt die Eigenschaft Authenz zugrunde. Vermutlich bildet sie sogar den Kern dieses gesamten Buches.

Für mich war Authenz wichtig, um im Leben und in der extrem konkurrenzgetriebenen Musikindustrie überleben zu können und mir klarzumachen: Was sind die Dinge, die mir persönlich wichtig sind, die mich ausmachen? Für mich waren das ganz klar: Respekt, Boundaries und absolute Direktheit und Ehrlichkeit. Ich darf nicht zulassen, dass diese Prinzipien ausgehöhlt werden - und das gilt sowohl fürs Berufsleben als auch für mein privates Leben. Wer seinen Regeln treu bleibt, verliert sich nicht selbst in dieser verrückten, schnelllebigen Welt und ist nicht korrumpierbar. Ich wusste schon immer, dass meine Haltung, meine

Prinzipien so wichtig und so tief in mir verankert sein müssen, dass ich im Falle eines Falles nicht über sie hinweggehen kann. Dass Geld und Ruhm sie nicht verwässern können.

Ich habe früh eine Art Pakt mit mir geschlossen als Promoterin: Wenn ich etwas nicht liebe und es sich nicht authentisch für mich anfühlt, dann mache ich das nicht. Egal, welche Versuchungen dahinter lauern mögen. Ich habe wegen dieses strengen Pakts Jobs verloren. Geld verloren. Opportunities verpasst. Ich habe mal ein ganzes Artist-Raster eines bestimmten Managements verloren, weil ich mich dem Chef entgegengestellt habe. Zu der Zeit standen einige der größten Rap- und Rock-Acts bei ihm unter Vertrag. Er war die Art Person, die immer nach unten trat, wenn sie nur konnte. Er hat intrigiert, Probleme bewusst verursacht, um sie dann wieder selbst lösen zu können und einfach jede*n, die oder der nicht bei ihm unter Vertrag stand, wie Scheiße behandelt. Aber er hatte nun mal viel Macht und natürlich hatte ich schon bei einigen Projekten mit ihm zusammengearbeitet, bei denen er sich zwar nicht gerade wie ein netter Mensch verhalten hatte, aber noch in einem Rahmen, den ich auf beruflicher Ebene tolerieren konnte. Ich musste den Mann ja nicht heiraten, also, was soll's?! Als er dann aber im Zuge einer großen Albumpromo Conny vor einer seiner Bands komplett zusammengefaltet hat, weil sie in einer E-Mail einen Tippfehler gemacht hatte, bin ich ausgerastet. Es war diese eine Aktion, diese eine Respektlosigkeit zu viel. Ich schrie ihn an, er schrie mich an, und das Ende vom Lied war, dass wir nie wieder zusammenarbeiteten, obwohl ich seine Artists immer gern betreut und mit ihnen nie Probleme hatte. Aber so war nun mal der Deal: Ich war nicht bereit, den Preis zu zahlen, mich oder meine Kollegin respektlos behandeln zu lassen, und so verschlossen sich mir für immer die Türen zu seinen Artists. Aber ich war fine damit. Wenn ich weiter mit ihm gearbeitet hätte, hätte das bedeutet, dass ich alle meine Prinzipien über den Haufen hätte werfen müssen. Ich bin niemand, der sich und seine Vertrauten scheiße behandeln lässt. Eine Bossin lässt das nicht zu. Ich bin eine, die gute von schlechter Kritik unterscheiden kann. Dieser Manager kritisierte nicht wohlwollend und zielorientiert. Er war ein Bully und jede*r in der Szene wusste das. Ich bin keine Mimose, die, sobald einer laut wird, das Weite sucht. Das war es nicht. Wie oft hat mich Fler schon angeschrien! Aber das hier war ein Level an Respektlosigkeit und Arroganz, das ich weder mir noch meiner Kollegin länger zumuten wollte.

Ich habe auch schon Artists abgesagt, ihre PR zu machen, weil mir ihre Vision nicht gefallen hat. Ich erinnere mich an ein Treffen mit einem jungen Rapper, der unbedingt mit mir arbeiten wollte. Bei Marina zu sein, war der heiße Scheiß und wer etwas in dieser Branche reißen wollte, der war bei Marina. Ich war eine Zeit lang so etwas wie ein Qualitätsmerkmal. Dieser Artist wollte also unbedingt mit mir arbeiten, aber ich hatte den Eindruck, mehr aus einem Prestigedenken heraus. Ich hatte ein komisches Gefühl bei ihm. Mir gefiel seine Art nicht und ich vermutete, dass er Rap nicht wirklich liebte. »Nenn mir drei Rap-Alben, die dich geprägt haben«, forderte ich ihn im Laufe unseres Gesprächs auf. Nicht, dass ich hier die Hiphop-Polizei bin, aber es machte mich wütend, wie seelenlos mir alles an ihm vorkam. Es wirkte nicht so, als ob er für die Musik, für Rap brennen würde, sondern, als ob es lediglich ein Mittel zum Zweck für ihn darstellte. Er wollte einfach fame werden – was auch OK ist, an sich. Aber er versuchte sich als etwas zu verkaufen, was er nicht war. Er war unauthentisch. Ich spürt das einfach.

Er konnte mir keine drei Alben nennen. Ich lehnte ab, ihn zu vertreten, sagte ihm das direkt bei dem Treffen ins Gesicht und erklärte meine Beweggründe. Konstruktive Kritik. Er konnte mich nicht verstehen. »Wie viel würde es denn kosten?«, fragte er mich. Ich sah ihn irritiert an: »Gar nichts. Ich mach die Kampagne nicht.« Er hielt kurz meinem Blick stand, lehnte sich vor und fragte erneut: »Wie viel muss ich dir zahlen, damit du Ja sagst?« Ich blieb bei meinem Nein. Und ich war fine damit.

Wenn es an meinem Kopf, meinen Gedanken lag, dass ich Geld, Möglichkeiten oder Deals ausschlug oder verlor, dann war das immer OK für mich und ist es bis heute.

Wäre ich nur ansatzweise leichter zu handlen gewesen, gäbe es weniger Menschen in dieser Branche, die mich scheiße finden. Ihr werdet unzählige Stimmen finden, die sagen, Marina sei zu »bossy«, »schwierig« oder gar »durchtrieben«. Ich bin fine damit, denn was sie eigentlich sagen, ist: *Marina weiß, was sie will und wer sie ist und gibt nen Fick darauf, ob sie dabei sympathisch rüberkommt.* Auch wenn ich eine der erfolgreichsten und bekanntesten Szenegrößen hinter den Kulissen von Deutsch-Rap bin, habe ich trotzdem viele Hater. Aber es muss so sein. Weil meine Prinzipien, meine Moral, meine Haltung mir extrem wichtig sind. Es gibt bis heute Artists, die zu den erfolgreichsten dieser Branche zählen, mit denen ich nie wieder arbeiten würde. Für kein Geld der Welt. Artists, deren Kampagnen ich absagte, weil sie sich weigerten, sich bei mir zu entschuldigen. Ich hätte Tausende von Euros verdienen können mit einer Kampagne. Das Einzige, was zwischen mir und dem Batzen stand, war ein kleines Wort: Entschuldigung. Aber dieses Wort ist mir mehr wert als jeder einzelne Cent des Promo-Budgets. Denn abends in den Spiegel gucken zu können und zu wissen, dass ich mir treu geblieben bin, ist ein Gefühl, das mit keinem Geld der Welt aufzuwiegen ist.

Ein Artist, der für mich dieses Prinzip von Authenz perfekt vertritt, ist Sido. Viele Fans werfen Sido immer wieder vor, ein Sellout zu sein. Sido war das schon immer scheißegal. Wenn er einen Radiosong machen will, dann nimmt er einen Song mit Andreas Bourani auf. Wenn er mit einem Wok einen Berg runterbrettern will, dann macht er das. Wenn er dann wieder eine Single mit Haftbefehl machen will, was seine »Radio-Fans« möglicherweise verprellen könnte, macht er auch das. Bei Sido gilt immer: *What you see is what you get.* Es gibt tatsächlich kaum einen Rapper, der so viele verschiedene Facetten von sich im Laufe seiner Karriere gezeigt hat. Das geht immer mit einem Risiko einher. Fans wollen, dass du so bleibst, wie du bist oder besser: wie sie dich kennen. Aber das Ding ist: Sido ist all das. Schon immer. Es gibt für ihn keine Regeln. Er hat seine eigenen gemacht. Und da es authentisch ist, hat auch alles funktioniert. Ob »Arschficksong« oder »Bilder im Kopf«, ob »Ossi« oder Sinti, ob Royal Bunker oder *The Voice* – das alles ist Sido. Und dass er sich getraut hat, uns so viele seiner Seiten zu zeigen, so unterschiedlich sie auch sein mögen, zeigt, was für ein authentischer Artist er ist. Wer authentisch ist, muss sich nicht verstecken.

SXTN sind auch solche Artists in meinen Augen. Juju und Nura mussten sich extremem Hate aussetzen, als sie mit SXTN 2015, 2016 die Rap-Szene betraten. Denn sie waren nicht nur Frauen in einer Ära, in der diese im Rap fast komplett von der Bildfläche verschwunden waren, sondern präsentierten außerdem ein Frauenbild, das nicht gerade beliebt war in der damals eher machohaften Szene. Sie wurden als Mannsweiber beschimpft, weil sie in ihren Videos kifften, rülpsten und Schimpfwörter sagten. Sie nahmen sich heraus, männliche wie weibliche Attribute zu flexen – egal ob das gerade im Trend lag oder nicht. Mal trugen sie Tomboy-Style-Jogginganzüge in XXL, mal Kleidchen und Overknees. Und alles war echt. Sie waren 100 Prozent authentisch. Und ihre Authenz gab ihnen am Ende recht. Von den »Most Hated« wurden sie zu Vorreiterinnen, Ikonen – und das gilt nicht für »Frauenrap«, sondern für Deutschrap per se. Sie haben sich nie an das System angepasst, sondern das System an sie. Sie haben sich mit den Farids und Flers dieser Szene angelegt, weil sie sich niemals verstecken oder verstellen wollten. Und DAS war es, was die Leute an ihnen liebten. Was sie so besonders gemacht hat. Sie haben Türen für andere Frauen damit geöffnet. Es gäbe keine badmómzjay und auch keine Shirin David ohne SXTN. Es ist witzig, dass ihnen trotzdem immer wieder vorgeworfen wurde, nicht feministisch genug zu sein. Dabei ist eines der Hauptanliegen des Feminismus, gegen Bevormundung zu kämpfen. SXTN haben das wie kaum ein anderer Act getan und am Ende gewonnen.

Mir fallen so viele Artists ein, die beweisen, dass, solange du authentisch deinen eigenen Regeln folgst, der Erfolg dich finden wird. Eine Vanessa Mai, die sich traute, aus dem sicheren Schlagernest zu flattern und sich von ihrer Neugierde immer wieder an neue Ufer tragen lässt, egal was ihre »Heimat« dazu zu sagen hat. Eine Katja Krasavice, die mit egal welcher Ausdrucksform – Musik, Bücher, OnlyFans – Erfolg nach Erfolg einstreicht, weil sie echt ist. Eine Schwesta Ewa, die von einer Prostituierten zur Rapperin zur Mom-Bloggerin avancieren konnte und der man jedes einzelne Kapitel gleichermaßen glaubt, weswegen sie die Menschen berührt. Menschen lieben Ewa, die Person, und nicht Ewa, die Rapperin oder Bloggerin oder was auch immer. Ein Haftbefehl, der nicht auf strategisch jedes Jahr ein Album raushaut, weil es funktioniert und Cash bringt, sondern auf sein Herz hört, und alles zeigt, auch seine unschönen Seiten. Sie alle sind eine große Inspiration für mich und eine Bestärkung, dass der Pakt, den du mit dir selbst schließt, das Wertvollste ist, was du hast. Denn die Erfolge mit einer Sache, die eigentlich gegen deine Prinzipien geht, gegen dein Herz, schmecken niemals so süß, wie jene Erfolge, hinter denen du zu 100 Prozent stehst. Wer authentisch bleibt, gewinnt am Ende immer – so oder so. Oder wie es Kultur-Journalistin Jia Tolentino mal so schön gesagt hat: *»Being heard is one kind of power, and being free is another.«*[*]

* Jia Tolentino in: The New Yorker 2019: The World of Jia Tolentino (URL: www.newyorker.com/books/double-take/the-world-of-jia-tolentino, Abrufdatum: 8.6.2024)

Wie managt man also den Spagat zwischen Prinzipientreue und Sich's-nicht-mit-jedem-Verkacken? Vor allem in der Musikindustrie, in der ein Netzwerk sehr wichtig ist und häufig gleichsam große, wie fragile Egos anwesend sind, ist das eine wichtige Frage. Wie spielt man auch mal den Bad Guy, ohne sich dabei ins Aus zu schießen? In meinen Augen sind dafür zwei Sachen notwendig. Erstens: direkt sein. Erkläre immer, was deine Beweggründe sind, sei dabei transparent, aber nicht unhöflich. Zweitens: Suche dir Equals. Es ist gut, dass wir nicht alle gleich sind, dieselben Interessen verfolgen und Meinungen haben. Zum Glück ist das so! Aber: Du musst auch nicht überall mitmischen. Finde deine Nische, in der dein authentisches Ich florieren kann und gefördert wird. Finde jene Leute, die deinen Vibe matchen, und dein authentisches Selbst wird es leicht haben, zu gewinnen.

Aber ich will nicht lügen: Es ist schwer, den Spagat zu meistern, und ich bin mir auch nicht sicher, ob ich den Dreh schon komplett raushabe. Aber es gibt gewisse Verhaltensweisen, für die ich mich nicht mehr verurteile und mit deren Konsequenzen ich mich besser abfinden kann, weil ich einfach akzeptiert habe, dass ich nun mal so bin. Und dann ist es auch OK, ein Nein zu kassieren oder gewissen Menschen für immer Lebewohl zu sagen. Es bleibt nicht mehr viel Platz für Reue, wenn deine Entscheidungen von deinem authentischen Selbst getroffen werden. Wichtig ist, diesem Kern treu zu bleiben. Das erfordert Arbeit. Aber ich schwöre, die lohnt sich!

Eine weitere Erfahrung hinsichtlich von Authenz war der Moment, als ich zum ersten Mal meine jüdische Herkunft öffentlich thematisierte. Viele in der Industrie wussten bis zu diesem Tag nicht, dass ich jüdische Eltern habe. Nicht, weil ich mich dafür schämte oder Angst hatte, deswegen angefeindet zu werden. Ich hatte es einfach nie für wahnsinnig wichtig erachtet, und wie ich schon in einem der vorherigen Kapitel erwähnt habe, war ich weder religiös noch sehr eng mit anderen jüdischen Menschen verbunden.

Aber dann kam doch der Tag, als ich begann zu verstehen, dass meine jüdische Identität ein wichtiger Teil von mir war. Ich weiß nicht mehr genau, in welchem Jahr es war, aber der Nahostkonflikt war damals gerade wieder mal ein brandaktuelles Thema. Es war die Facebook-Hochphase und ich sah die irrsinnigsten Dinge in meinem Feed. Was ich dort las, entfachte ein unangenehmes Gefühl, ganz tief in mir drin. Und diese Meinungen begegneten mir nicht nur im Internet. Die Leute gingen auf die Straße mit schlimmen antisemitischen Transparenten und Schildern. Ich hatte Angst. Jedoch nicht um mich. Ich fürchtete um meine Mutter, die Olga Feinleib hieß. Ich sorgte mich darum, wie sie wohl diese Stimmung wahrnahm. Wo Leute wieder alles in einen Topf warfen. Ich war nie ein wahnsinnig »politischer« Mensch, auch weil ich immer das Gefühl hatte, nicht genug politische Bildung zu besitzen, um in Gesprächen mit anderen meine fundierte Meinung kundtun zu wollen. Ich fragte mich nun aber doch, warum es ausgerechnet dieser Konflikt war, der in Menschen, die sich sonst einen Scheiß für Politik oder andere Konflikte interessierten, plötzlich so viel Hass hervorrief. Ich frage mich auch heute, warum mich als Aserbaidschanerin nie jemand für den Genozid an den Armeniern angegangen ist. Warum mich bis heute niemand je »aserbaidschanische Bitch« genannt hat, aber »jüdische Hure« schon. Warum geht es immer nur um das Eine bei mir?

Also verfasste ich meinen ersten Facebook-Post, in dem ich über meine jüdische Herkunft sprach und wie ich die Stimmung wahrnahm. Was mich traurig und wütend machte. Innerhalb von zwei Tagen haben mich so viele Leute deabonniert, dass ich die Benachrichtigungen ausschaltete. Bei einigen wunderte es mich nicht. Bei anderen war ich zutiefst verletzt.

Als ich Jahre später in einer Doku über Antisemitismus im Rap ein Interview gab, waren die Reaktionen noch schlimmer. Ich habe noch nie so viele Morddrohungen bekommen. Es war das erste Mal, dass ich darüber nachdachte, mit Security auf die anstehenden Festivals zu fahren. Hakenkreuze wurden an mein Haus geschmiert, auf meinen Briefkasten und den meiner Schwester. Kollegah-Fans bedrohten mich online wie auch offline. Deutsche Kiddies vom Dorf hatten wieder eine Person, auf die sie sich stürzen konnten. Es waren Momente, in denen ich begriff, dass es doch nicht egal war, wer ich bin. »Was« ich bin. Aber – und hier kommen wir wieder zum Thema »Authenz« – es war wichtig, diesen Teil meiner Identität, meiner Geschichte, zu claimen. Es fühlte sich nicht richtig an, nichts zu sagen, obwohl ich wusste, dass ich deswegen Probleme bekommen würde. Denn Antisemitismus existiert nach wie vor. Im Deutschrap, ja, aber vor allem in der deutschen Gesellschaft.

Diese Situationen zeigten mir auch, wer wirklich hinter mir stand. Und zwar nicht stumm, sondern laut. Sie zeigten mir, wer mein authentisches Ich liebt und unterstützt. Das waren Leute wie Haftbefehl, Capo, Celo & Abdi, XATAR, SSIO. Sie waren es, die neben mir auf den Festivals standen, um mich zu beschützen. Sie waren diejenigen, die mich laut verteidigten. Die keine Angst hatten, Leuten ins Gesicht zu rufen: »Wer sagt hier was?! Wer hat hier ein Problem mit ihrer Religion?!«

Manchmal stelle ich mir die Welt vor wie ein riesiges Haus voller Räume. Jeder Raum hat ein eigenes Thema. Ein bisschen wie das Schloss in *The Wizard of Oz*. Und egal wie viele Türen ich aufmache und wie viele neue Räume ich ausprobiere, irgendwie scheint es keinen zu geben, der wirklich zu mir passt. Im Ausländer-Raum bin ich nicht Ausländerin genug. Im Frauen-Raum bin ich nicht weiblich genug. Im Juden-Raum bin ich nicht jüdisch genug und im Mental-Health-Raum bin ich nicht woke genug. Früher habe ich mich deswegen schlecht gefühlt. Aber als ich begann, einfach mein authentisches Ich zu akzeptieren und der Welt zu zeigen, wie es nun mal im Marina-Raum aussieht, begann ich wirklich zu verstehen, wer ein Gast war, der respektvoll die Schuhe auszog und sich in meinem Raum wohlfühlte, und wer hier nur reinspaziert war, um den Kühlschrank leer zu räumen und wieder abzuzischen.

Wer der Welt nicht sein authentisches Selbst präsentiert, wird nie wissen, woran er oder sie ist. Wer einen wirklich liebt, supported, feiert. Also zeig dein wahres Ich. Auch wenn einiges und vielleicht auch einige Menschen auf dem Weg verloren gehen sollten – am Ende hast du gewonnen.

Lektion 14:

Meetings statt Partys, sorry!

»Dank der Spice Girls hat Virgin einen 88,9-prozentigen Anteil am Singles-Markt +++ Die neuen Moderatoren der Radio-1- Frühstücksshow heißen Mark und Lard +++ Der Kurs der EMI-Aktien ist abgestürzt +++ BlueBoy und Vitro sind angesagte neue Bands +++ No Doubt haben eine Nr.-1-Single +++ Alan McGee bereitet die Veröffentlichung des Debutalbums von 3 Colours Red vor. Er kündigt an: ›Mit dem zweiten oder dritten Album werden wir fünf Millionen verkaufen. Nehmt mich beim Wort. Die Band wird gigantisch.‹ +++ Ein paar Kerle werden für den Mord an diesem Schwarzen Jungen verknackt, Stephen Soundso +++ Die Brit Awards finden statt.

> ›Die Meinung einer Frau ist in der
> Musikindustrie keinen Penny wert.‹
> **LORETTA LYNN**

Niemanden hält es mehr auf seinem Platz, alle flanieren von Tisch zu Tisch. Das Schnarren der Konversation schwillt an, und kein Schwein kümmert sich noch um die Bee Gees, die, *unglaublicherweise, etwa 30 Meter entfernt,* immer noch *auf der Bühne stehen und für das Fußvolk zu Hause vor den Bildschirmen ihre größten Hits herunterschwurbeln. Ihre Nerven zerfetzenden Harmoniegesänge wehklagen über die desinteressierte Menge hinweg und flattern hinauf in die Dunkelheit, wo sie im Stahlbetongewölbe des Earls Court verschwinden. Möglicherweise klingt das im Fernsehen ja ganz gut.*

*Ich lehne mich in meinem Stuhl zurück, weg von meinem kalten, unberührten Abendessen – Lachs, Broccoli und junge Kartoffeln –, und massiere mir mit Daumen und Zeigefinger den Nasenrücken. Ich schniefe heftig, und es knackt in meinen Ohren, als sich der Koksbrocken löst und meine Kehle hinunterschießt. Er schmeckt angenehm stark und bitter. Ich lockere meine Krawatte, spule den Klumpen Marschierpulver mit lauwarmem Chardonnay runter und tue, als wurde ich Desoto zuhören, während ich die Menge nach lohnenderen Gesprächspartnern scanne: Lucian Grange von der Polydor, Keith Blackhurst von Deconstruction, Nancy Berry von Virgin, Colin Bell von London Records und Matt Jagger. Ferdy Unger-Hamilton von Go! spricht mit Derek, Pete Tong und einem Kerl aus Irland. Unger-Hamilton hat seinen Arm um Gabrielle gelegt, deren Auszeichnung als ›Best British Female Artist‹ vor ihnen auf dem Tisch steht. Rob Stringer lacht sich halb schlapp, während er mit einem der Jungs von den Manic Street Preachers quatscht, deren Awards auf dem Tisch neben ihnen stehen.«**

---

* Niven, Robert: Kill Your Friends, aus dem Englischen von Stephan Glietsch, Heyne 2008, S. 75–78.

186

John Nivens Erfolgsroman *Kill Your Friends,* aus dem dieser Ausschnitt stammt, handelt von einem A&R-Manager einer großen Plattenfirma und dem moralischen Verfall der Musikindustrie. Drogen, Sex, Machtmissbrauch, sogar Mord beherrschen die Welt des Rock'n'Rolls, des Protagonisten Steven Stelfox. Klar ist der Roman überzeichnet. Aber die geschilderten Partyszenen, der Exzess und die Skrupellosigkeit der Akteuer*innen haben nicht umsonst Leser*innen auf dem ganzen Planeten in ihren Bann gezogen. *Kill Your Friends* ist ein internationaler Bestseller, gilt als »Das ›American Psycho‹ der Musikindustrie« und wurde sogar verfilmt. Die Leser*innen (darunter auch Menschen, die selbst in der Musikindustrie arbeiten) sind fasziniert von dem Stoff, weil die Geschichten darin so fantastisch scheinen und doch ein Fünkchen oder eher ein Osterfeuer Wahrheit beinhalten. Vor allem, wenn es um Partys geht. Die beschriebene Partyszene darin erklärt ganz gut, warum genau jener Teil des Business immer mein Kryptonit war. Um meine Einstellung zu diesen Veranstaltungen in den Worten von Ufo361 zu beschreiben: »Scheiß auf eure Party!«

Ich habe die Musikindustrie-Partys gehasst, und zwar schon ziemlich früh, als ich meine Karriere bei *PANORAMA3000* startete. Nachdem ich von einer Buchhalterin zur Promoterin aufgestiegen war und begann, mich in meiner neuen Rolle wohler zu fühlen, stellte ich fest, dass ich stets die »schwierigen« Themen bekam. Die »Partyjobs« gingen immer an die anderen, Jobs, die Erfolgsgaranten waren, wie zum Beispiel Kampagnen für das nächste Eminem-Album oder große Hollywood-Produktionen. Ich wollte auch diese großen Projekte machen. Nicht wegen der Erfolgsgarantie, sondern, weil man viel größere, geilere Ideen mit diesen Budgets und Möglichkeiten umsetzen konnte. Ich ließ also immer mal wieder nebenbei Kommentare bei Yousef fallen, in denen ich murrte, warum *wir* diese Jobs nicht machen könnten. Wie unfair das sei. Bis er irgendwann die Augen verdrehte, sich mit mir hinsetzte und meinte: »Marina, du musst dich halt mehr mit den Projektmanagern vernetzen. Geh auf die Partys, trink einen mit denen. Diese Deals werden am Tresen eingetütet und nicht am Telefon. Die anderen machen das auch alle.«

Das war nicht die Antwort, die ich hatte hören wollen. Ich schluckte. Meine Telefonangst hatte ich inzwischen einigermaßen überwunden und jetzt kam direkt das nächste Ding: Partys. Für mich waren solche Events extrem angsteinflößend. Ich glaube, für viele mag das widersprüchlich klingen, weil ich schon immer jemand war, der extrem nach vorn ging im Job, keine Angst vor Ansagen hatte und sich sehr gut durchsetzen konnte. Aber im Sozialen war ich komplett eingeschränkt in dieser Hinsicht. Allein die Vorstellung, mich in einen Raum zu begeben mit lauter Musik, noch lauter schwatzenden Männern mit Free Drinks in der Hand und wild durch den Raum jagenden Augen, auf der ständigen Pirsch nach der besseren, wichtigeren, größeren Trophäe, die soeben den Raum betreten haben könnte, jagte mir Schauer über den Rücken. Ich war zu schüchtern für so was und ich trank außerdem keinen Alkohol. Ich hatte Angst vor fremden Menschen. Ich hasste Small Talk und vor allem hasste ich besoffene Menschen. Ich konnte mit ihrer Kontrolllosigkeit nicht umgehen. Vielleicht triggerte es mich, weil es mich an das Verhalten meiner Schwester erinnerte. Es bereitete mir körperliches Unwohlsein, wenn mir gelallte Worte laut und stumpf ins Ohr gestopft wurden, bis sie meinen Gehörgang schmerzhaft versiegelten wie ein Knäuel Stahlwolle und ich nichts anderes um mich herum mehr wahrnehmen konnte.

Ich konnte das einfach nicht, und ich sah auch überhaupt nicht ein, dass das jetzt Teil meines Jobs sein sollte, wenn ich weiterkommen wollte. Ich wollte mir kreative Ideen ausdenken und nicht Small Talk in irgendwelchen ehemaligen Fabrikhallen führen mit zugekoksten Männern, die, sobald ich ihnen den Rücken zuwendete, über meine Nase oder mein Outfit lästerten. Kurz: Es gab keinen Ort, der für mich abschreckender war als eine Industrieparty.

Soziale Situationen triggerten einfach insgesamt viele Ängste und Traumata in mir. Meine Unsicherheit bezüglich meines Aussehens, meine Essstörung, meine Phobie vor berauschten Menschen – all das führte dazu, dass ich schwer mit Fremden reden und mich locker machen konnte.

Statt daran zu verzweifeln, weil ich genau wusste, dass Yousef leider recht hatte mit seinem Tipp, begann ich aber eine Trotzhaltung einzunehmen: »Ich will die Projekte nicht bekommen, weil ich mit der richtigen Person auf dem Klo koksen gehe, sondern, weil ich ICH bin und meine Arbeit für mich spricht.« Aus der Trotzhaltung wurde ein Prinzip, eine Grundregel. Ich möchte nicht, dass ein Mensch mir etwas gibt, weil er Spaß mit mir hat. Ich möchte, dass ich überzeuge, weil ich die Beste bin. Ich hing deswegen auch nicht mit Künstler*innen rum. Ich ging nicht zu den Aftershowpartys und ich chillte auch nicht im Backstage, wenn es sich vermeiden ließ. Grenzen waren mir extrem wichtig.

Und es ist auch wahr, dass Männer und Frauen unterschiedlich netzwerken. Man darf nicht vergessen, dass ich aus einer Zeit komme, in der du als Frau ohnehin schon Probleme hattest, ernst genommen zu werden. Stellt euch mal vor, ich wäre vor 20 Jahren auf jeder Rap-Party rumgerannt! Ich weiß genau, was die Leute gesagt hätten. Das bedeutet nicht, dass das richtig ist. Ich hätte genauso überall herumlaufen, Jim Beam saufen und auf den Boxen rumschreien dürfen wie es die Typen gemacht und so ihre unzertrennlichen Männerbündnisse geknüpft haben. Aber die Realität war nun mal eine andere. Ich hatte Angst vor den Konsequenzen, möglicherweise als etwas wahrgenommen zu werden, was ich nicht war. Unprofessionell zu wirken, obwohl die Typen genau das Gleiche machten. Damals kamen auf 30 männliche Promoter etwa zwei oder drei Promoterinnen. Eine davon war ich. Aber bei diesen Partys traf man meistens nur die Dudes an. Deswegen war es mir so wichtig, meine *Professionalität* für sich sprechen zu lassen.

Im Laufe der Zeit und mit meinem steigenden Erfolg wurde es natürlich unvermeidbar, hin und wieder doch auf Branchenevents, Preisverleihungen oder Weihnachtsfeiern zu gehen. Aber es wurde auch erträglicher, je mehr Freund*innen und Equals ich in der Industrie fand, was auch damit zusammenhing, dass es mit den Jahren mehr Frauen in der Branche nach oben schafften und ich in Menschen wie Rooz oder Toxic echte Freunde fand. Aber ich will nicht lügen: Es macht mir bis heute keinen sonderlichen Spaß. Der beste Teil dieser Partys, ob es nun der Echo war, der Four-Abend oder sogar meine eigene Veranstaltung Urbanology, die ich in den 2010er-Jahren regelmäßig im Prince Charles mit veranstaltete, war immer, wenn ich zum Schluss mit Fast Food und einem Becher Häagen-Dazs-Eis mit Polly auf meiner Couch zusammensackte und Scheiße labern konnte, in der Ruhe und dem Frieden meiner eigenen vier Wände – oder besser gesagt, Pollys vier Wänden. Bei mir zu Hause warteten ja eine ganze Weile lang noch meine Mutter und Schwester, die bereits seit Stunden versucht hatten, mich zu erreichen und mir die Hölle heiß machen wollten, weil ich auf einer Veranstaltung gewesen war. Ein weiterer Grund, warum ich nicht ganz so unbeschwert Party machen und netzwerken konnte wie andere.

Heute denke ich, es sollte beides gelten dürfen: Spaß haben und professionell sein. Wie findet man also die richtige Route im Netzwerk-Life?

Mit Verweis auf das vorangegangene Kapitel kann ich nur sagen: Handele so, dass es authentisch für dich ist. Wenn du kein Partytiger bist, finde andere Wege, wie du deine Ziele erreichen kannst. Setze die Akzente dort, wo du dich stark fühlst, und du wirst überzeugen. Ich hätte mich auf diese Partys schleifen können, aber ich glaube kaum, dass es mir etwas gebracht hätte. Ich hätte awkward an der Bar gestanden und vermutlich irgendwann jemandem auf die Fresse gehauen, der mich blöd volllabert. Oder ich hätte eine Panikattacke bekommen, wäre keuchend zusammengesackt, woraufhin man einen Krankenwagen gerufen hätte aus Angst, ich erlitte gerade einen Herzinfarkt, und wäre so in Erinnerung geblieben. Nein danke.

Auch wenn es (vor allem für Männer) der konventionelle Weg war, am Tresen die Deals einzutüten, war es nicht meiner. Für mich hieß es: *Meetings statt Partys, sorry!* Deine Wahrheit anzuerkennen und neue Wege fern der festgetretenen Pfade zu ergründen, wird dich stärker machen. Ich überzeugte durch mein Können. Ich war hartnäckig, begegnete den wichtigen Leuten auf dem Spielfeld, auf dem ich mich wohlfühlte, wo ich bestechen konnte, und so gewann ich am Ende trotzdem. Und das, ohne auch nur eine Line Kokain von irgendeinem Spülkasten gezogen zu haben.

Finde also heraus: Was ist dein Battleground? Wo kannst du am besten glänzen? Dein Potenzial am klarsten rüberbringen?

Es gibt da diese Karikatur, an die ich denken muss: Ein Fisch, ein Elefant, ein Affen und einige andere Tiere stehen nebeneinander in einer Reihe vor einem Jurypult und lauschen aufmerksam dem Juroren. In der Sprechblase über dessen Kopf steht: »Um eine faire Entscheidung zu treffen, muss jeder von euch die gleiche Prüfung ablegen: Bitte klettert auf einen Baum.«

Jede*r von uns hat Potenzial, das aber nicht überall gleich zum Vorschein treten kann. Einen Fisch daran zu messen, wie gut er auf einen Baum klettern kann, wird ihn immer denken lassen, dass er nicht gut genug sei. Dass er versagt habe, weil er diese Prüfung nicht meistern konnte. Aber ein Fisch gehört ins Wasser und nicht in die Luft und erst recht nicht auf einen Baum. Und eine Marina gehört sicher nicht auf irgendwelche Partys, sondern in die Meetingräume in den oberen Etagen, an die langen Glastische, wo die Köpfe rauchen und keine fancy Cocktailgläser. Und auf ihre Couch, mit ihrer Katze und ihrem Netflix-Account, um die Energien für die Meetings wieder auftanken zu können.

Finde deinen Space, dein Setting, in dem du am besten zeigen kannst, was du draufhast. Und wenn du das gefunden hast, dann tu vor allem eines …

Lektion 15:

Gewinne Vertrauen durch Taten, nicht durch Worte

Das Handy in meiner Hand fühlt sich an, als würde ich einen Backstein umklammert halten, anstelle eines hochmodernen Multifunktionsgeräts aus Glas, Metall, Kunst – und allen möglichen anderen Rohstoffen, für die ganze Landstriche und Menschen ausgebeutet werden. Mein Kopf tut weh. Mit Zeigefinger und Daumen reibe ich die Stelle seitlich meines Nasenrückens, der genau zwischen den Augen liegt. Bloß nichts anmerken lassen. Meine Augen sind verquollen, aber das kann man zum Glück am Telefon nicht sehen. Wer es wagt, mich zu facetimen, wird blockiert!

Ich hasse Streit und dann auch noch zur Weihnachtszeit, in der man doch zum Glücklichsein verurteilt ist. Wer nicht lacht, wird zum Monster erklärt, lebt in einer Berghöhle, wo er sein Dasein in der Gesellschaft eines Hundes namens Max fristen darf und sich von Glassplittern ernährt. Das ist zumindest in Hollywood so, und so fühlt es sich auch für mich an, jedes Jahr aufs Neue im Dezember.

»Marina? Hörst du mir noch zu?«, dringt Seros Stimme an

mein Ohr und reißt meine Gedanken von Whoville zurück ins winterliche Berlin.

»Äh, was? Ja klar. Sonderpressung finde ich eine gute Idee! Hast du dir schon Gedanken darüber gemacht, welche Farbe du gerne für die Vinyl hättest?«

»Ich habe mir überlegt, wenn wir bei der Atmosphäre des Albums bleiben, könnte so ein richtig knalliges Blutrot geil kommen. Ich habe auch schon mit …«. Ich klemme den sprechenden Backstein zwischen Kinn und Schulter und öffne meinen Online-Banking-Account. Es ist schließlich Weihnachtszeit und wenn ich schon nicht glücklich sein kann, dann kann ich anlässlich der Jahreszeit wenigstens konsumieren, wie das von mir erwartet wird. Doch ein Blick auf die kleine, unschuldige Zahl mit dem nicht ganz so unschuldigen Strich davor belehrt mich eines Besseren. I guess, ich werde weder das eine noch das andere Weihnachtsversprechen einlösen können. »Blyat«, entfährt es mir. »Was?«, antwortet Sero am anderen Ende der Leitung.

»Ach nichts, sorry. War nicht wegen dir. Also, wie sieht es mit den Daten aus?« Aber Sero schüttelt den Kopf, das spür ich, auch wenn ich ihn nicht sehen kann.

»Nee, Marina, ich hör jetzt mal dir zu. Irgendwas ist doch!« Ich seufze kurz. »Ach, es ist bescheuert«, setze ich an.

»Es gibt da diesen Adventskalender von Rosental …«

»Der Porzellanmarke?«

»Nee, die Skincare-Brand. Was will ich mit einem Porzellan-Kalender?«

»Woher soll ich das wissen? Du wünschst dir das schließlich!«

Sero lacht. »Und was ist damit? Haben die dich verklagt? Oder warum regen die dich so auf?«

»Guck mal, du weißt doch, dass wir nie Weihnachten gefeiert haben …«

»Ja.«

»Aber ich fand Adventskalender immer geil. Als Kind die mit Schokolade, natürlich. Und heute ist halt Hyaluronsäure meine Schokolade. Na ja, und Schokolade ist auch immer noch meine Schokolade. Egal. Jedenfalls wollte ich mir den gönnen. Aber ich bin mal wieder zu broke, um mir diesen Scheißadventskalender kaufen zu können, und mit meiner Freundin hab ich mich auch gestritten, weil sie meinte, ich hätte nicht genug Zeit, und weißt du, dieser Adventskalender, diese Seren und Cremes, die sollten meine Probleme lösen …«, alles sprudelt in einem einzigen Schwall aus mir heraus.

»Verstehe …«, sagt Sero irgendwann, als ich meinen Monolog beendet habe.

»Also, natürlich kann eine Nachtcreme keine existenziellen Probleme lösen. Das weiß ich. Aber der Fakt, dass ich es nicht mal *probieren* kann … Also, irgendwie hätte ich …«, da unterbricht mich Sero.

»Marina, halt dich nicht an so nem Kleinkram auf. Erzähl mir lieber von deiner Freundin. Was ist passiert?« Und auch wenn es eigentlich nicht meine Art ist, meinen Ballast anderen Leuten aufzuladen, schon gar nicht den Artists, die ich vertrete, sprudelt alles aus mir heraus. Die ganze Traurigkeit wegen des Streits, die Traurigkeit, die mich immer zu dieser Zeit des Jahres heimsucht wie die Geister der vergangenen, gegenwärtigen und zukünftigen Weihnacht

Ebenezer Scrooge in Charles Dickens' *A Christmas Carol*, und die Traurigkeit wegen meiner ganzen anderen Sorgen. Es tut gut, mit ihm reden zu können. Er hört nicht einfach »nur« zu. Er ist voll und ganz für mich da.

Es mag nur eine kleine, unbedeutende Geschichte sein, an die ich mich trotzdem immer wieder erinnere und an die ich auch denken musste im Zuge dieser 15. Regel. Wenn's gut läuft, sind alle da, und wenn's schlecht läuft, sind alle weg. Das ist in der Musikindustrie extrem häufig der Fall. Ich habe das schon oft erlebt. Und sowohl im persönlichen wie im beruflichen Leben ist es daher wichtig, Taten für sich sprechen zu lassen. Denn wenn du im »People Business« tätig bist, ist Vertrauen die wichtigste Währung. Vertrauen kriegt man nicht geschenkt. Vertrauen muss man sich verdienen und nicht erquatschen.

Ich habe mich immer als Dienstleisterin betrachtet. Ich bin da, um die Geschichte der Kunst meiner Artists weiterzuerzählen und öffentlich zu machen. In meinem Job kommt man nicht weit mit viel Gerede, ohne auch die entsprechenden Resultate vorweisen zu können. Es ist Teil meines Erfolgs, dass man sich immer auf mein Wort verlassen kann, weil dem immer auch Taten folgen. Es gab viele andere Promoter in dem Business, die vielleicht die besseren Netzwerker waren als ich oder die besseren Redner. Aber ich habe abgeliefert und nie Dinge versprochen, die ich nicht einhalten konnte. Ich habe klare Ansagen gemacht und wenn etwas unrealistisch war, dann habe ich auch keinem was vom Pferd erzählt, um den Job zu bekommen, sondern eher eine Absage kassiert.

Ich habe schon in einem der vorigen Kapitel erwähnt, dass ich niemand war, der in den Raum kam und alle Köpfe drehten sich um. Ich habe nie und werde niemals auf den ersten Blick die Leute in meinen Bann ziehen. Ich musste schon immer mit meiner Persönlichkeit und meinen Skills überzeugen.

Ich hatte also zu Beginn meiner Karriere in dieser Welt der anzugtragenden Männer mittleren Alters zwei Möglichkeiten: Entweder ich mucke auf oder ich überzeuge durch mein Können. Ich hab mich für Zweiteres entschieden (wenngleich ich schon auch hier und da aufgemuckt habe, so ist es nicht). Ich wusste immer, dass ich mir meinen Weg nicht durchcharmen konnte, und genau das führte am Ende zu den außergewöhnlichen Beziehungen, die ich zu meinen Artists hatte und warum die ganze Szene mit mir arbeiten wollte. Um es mit Schwesta Ewas legendären Worten zu sagen: »Zu viele Schwätza machen auf Baba.« Das gilt nicht nur fürs Nightlife, sondern auch für die Musikszene. Aber Marina war keine Schwätzerin. Ich habe abgeliefert, und das brachte mir meinen exzellenten Ruf unter den Künstler*innen ein, was mir am Ende mein außergewöhnliches Standing möglich machte.

Es gab viele wichtige Entscheider*innen bei den Labels, Vertrieben oder Agenturen, die mich nicht mochten und sehr gerne nicht mit mir gearbeitet hätten. Mein Ass war immer, dass die Artists mir vertrauten, weil ich ihre Interessen immer priorisiert habe. Weil sie wussten, dass ich einhundert Prozent hinter dem stehe, was ich sage und man sich immer auf mich verlassen kann. Natürlich verbanden uns häufig auch unsere Herkunfts-Struggles und eine gemeinsame Sprache, der Hinterhofjargon. Aber in erster Linie war es meine *»Talk that talk and walk that walk«*-Mentalität, die dazu führte, dass sich die Artists immer wieder gegen ihre Manager, A&Rs und PMs durchsetzten und ich im Sattel blieb.

Egal ob man nun im »People Business« arbeitet, also einem Wirtschaftszweig, in dem man mit Menschen zu tun hat, oder nicht – was diese 15. Regel sagen will, ist: Sei kein Schwätza. Gewinne durch Taten, nicht durch Worte, und wenn du dir unsicher bist, dann mach keine Versprechen, die du nicht halten kannst. Worte sind wichtig, ja. Aber sie sind nichts wert, wenn sie wie Seifenblasen zerplatzen, sobald sie auf dem Boden der Realität aufkommen.

Lektion 16:

Erfolg ist keine Einbahnstraße

Das Licht des iPhone-Bildschirms durchdringt die Dunkelheit der Nacht. Zum Glück kann mich keiner sehen, außer meinem Kater Hulk, der sich zu meinen Füßen zusammengerollt hat. Das blaue Leuchten der OLED-Lämpchen lässt jeden Menschen wie einen Zombie wirken. Leblos, fahl. Augen leerer als die Toilettenpapierregale zu Corona-Zeiten. Sie starren auf die Quelle des Leuchtens, das die natürlichen Kurven, Kanten und Schatten von Nasenrücken, Jochbein, Nasolabialfalten und Augenhöhle noch markanter und tiefer wirken lässt, als sie eh schon sind. Sie werfen Schatten und verwandeln mein Gesicht zu einer Maske wie sie der Charakter Rorschach in *The Watchmen* trägt. Dunkle Tintenkleckse, die sich über dem weißen Untergrund ausbreiten und immer wieder neu formieren. Meine Augen bleiben jedoch fest auf einen Punkt des leuchtenden Displays fixiert, die blauen Buchstaben strahlen mich herausfordernd an. »Beitrag erstellen«. Mein letzter Beitrag ist über ein halbes Jahr her. Fuck. Ich hatte mir fest vorgenommen, regelmäßiger aktiv zu sein. Präsenz zu zeigen. Zu netzwerken. Zu reporten. Zu liken, zu teilen, zu pushen. Alle anderen machen es ja auch! Müssen auch!

Ich seufze noch mal auf und mein Blick huscht vom »Beitrag erstellen«-Button zur Uhrzeit, die in der oberen linken Ecke des Bildschirms angezeigt wird. Es ist 02:24 Uhr. »Liebe LinkedIn-Gemeinde«, beginne ich zu tippen, lösche aber die drei Wörter direkt wieder mit einem sperrigen Gefühl im Magen, das mich mein Gesicht verziehen lässt. Zwei neue, schmale Tintenkleckse bilden sich vertikal neben meinen Mundwinkeln auf der Leinwand meines Gesichts. Ist doch cringe. So einen auf förmlich-freundlich machen. Das glaubt mir doch keiner! Noch mal neu. »Freunde!!!« – bevor ich auch nur ein zweites Wort tippen kann, lösche ich auch diesen Versuch schnell wieder. Freunde? Wer bin ich – Rooz? Nee. Ich halte es lieber schlicht. Einfach zum Punkt kommen. *What you see is what you get.* Also dritter Versuch.

»Im Oktober erscheint mein erstes Buch beim Penguin Verlag. Ich kann es kaum glauben und freu mich so sehr.« Ich halte inne und betrachte den Strich, der hinter dem letzten Wort auf und ab hüpft, ungeduldig wartend auf die nächsten Buchstaben, die im Beitragsfenster ihr Zuhause finden sollen. Irgendwie wird mir jetzt erst so richtig klar, dass das wirklich passiert. Ich habe ein fucking Buch geschrieben! Der Stolz in meinem Körper setzt eine Reaktion frei. Zu dem Gefühl des Stolzes mischt sich ziemlich schnell ein weiteres: Zweifel. Innerhalb von wenigen Sekunden verpuffen Freude, Stolz und Aufregung. An ihrer Stelle lodert jetzt eine Stichflamme aus Angst, Überforderung und Nervosität in mir auf. Was werden die Leute sagen? Hab ich das verdient? Dieses Buch macht mich so angreifbar – was, wenn das jemand ausnutzt? Was, wenn es alle scheiße finden? Mich scheiße finden?! Arrogant, anmaßend, übertrieben … »Was nimmt die sich raus?!«

Im Wikipedia-Artikel zum Begriff »Impostor Syndrom« – oder wie man hierzulande sagt, »Hochstapler-Syndrom« – könnte mein Bild zu sehen sein. Wer den Begriff nicht kennt, Wikipedia erklärt das Phänomen folgendermaßen: »Das Hochstapler-Syndrom […] ist ein psychologisches Phänomen, bei dem Betroffene von massiven Selbstzweifeln hinsichtlich eigener Fähigkeiten, Leistungen und Erfolge geplagt werden und unfähig sind, ihre persönlichen Erfolge zu internalisieren. Trotz offensichtlicher Beweise für ihre Fähigkeiten sind Betroffene davon überzeugt, dass sie sich ihren Erfolg erschlichen und diesen nicht verdient haben.«[*] Jup, klingt nach mir. Und ich hasse es, dass ich nicht mal einen LinkedIn-Beitrag schreiben kann, ohne mir dabei komplett dämlich vorzukommen. Ich setze mich etwas aufrechter in meinem Bett hin, glätte Bettdecke und Gesichtszüge und haue entschlossen in die Tasten, jedes Klackern meiner Gelnägel auf dem Glasbildschirm klingt wie der Schlag einer Trommel, die mich antreibt. »Es ist eine echte Geschichte, meine Geschichte. Ich denke gerade an die Lehrer in der Schule, die immer sagten, dass aus mir nichts werden kann, wenn ich so wilde Karrierewünsche habe. Aber siehe da! Ich bin wirklich diesen Weg gegangen. Nicht alleine und nicht immer ohne Hilfe und dafür bin ich sehr dankbar …« Nach

---

[*] Wikipedia 2024 (25.5.): Hochstapler-Syndrom (URL: https://de.wikipedia.org/w/index.php?title=Hochstapler-Syndrom&oldid=245300482, Abrufdaetum: 8.6.2024)

zehn Minuten klicke ich auf »Posten«, werfe mein Handy neben mich in die Kissen und versinke in der Umarmung ihrer Daunen. Im Schlafzimmer ist es jetzt dunkel. Auf meinem Gesicht zeichnet sich ein Grinsen ab, dessen Strahlen keiner sehen kann. Außer ich. Und der Kater. Es fühlt sich gut an.

Mir fiel es sehr lange schwer, mein größter Fan zu sein und mich für meine Erfolge zu feiern. Es fällt mir immer noch schwer und ich bin nicht die Einzige, der es so geht. Es nervt mich wie viele, die ebenfalls unter dieser Problematik leiden. In Artikeln zum Thema Impostor-Syndrom steht, dass vor allem Frauen und marginalisierte Gruppen unter dieser Unsicherheit litten, was mitunter daran läge, dass Frauen und PoCs unter stärkerer Beobachtung stünden als ihre männlichen oder weißen Kollegen. Deswegen arbeite ich permanent daran, diese Scham und Zweifel zu überwinden. Denn wie ich bereits in Kapitel fünf erklärt habe, ist es wichtig, sein größter Fan zu sein. Aber es ist auch wichtig, die Erfolge der anderen um sich herum zu feiern und ihnen zu signalisieren, dass sie sich feiern dürfen. Am Ende profitieren nämlich alle davon.

Mentorship ist gerade für Menschen aus unpriviligierten Verhältnissen häufig ein Schlüssel. Es gibt da im Englischen eine Weisheit, die besagt: »A teacher's word holds power.« Das stimmt. Ich nehme meine Rolle als Mentorin, als teacher und Orientierungsfigur sehr ernst. Vor allem wir Kinder von Eltern, die ihre Heimat verlassen und sich krumm gearbeitet haben, um uns ein besseres Leben zu ermöglichen, brauchen Mentor*innen nicht nur, um uns in Spaces zu holen, die für uns schwieriger zu erreichen sind. Wir brauchen auch Mentor*innen, die uns zeigen, dass wir stolz auf uns sein können, auch wenn wir vielleicht nicht Arzt oder Anwältin geworden sind. Viele von uns bekommen selten von unseren Eltern gesagt, dass wir in unseren »komischen« Medien- und Kunstjobs auch gut sind. Dass es wichtig ist, was wir machen, und dass wir stolz auf unsere Erfolge sein können. Mir hat das zumindest keiner so richtig vermittelt.

Deswegen hoffe ich so sehr, dass die Jüngeren, die nach mir kommen, lernen, stolz auf sich zu sein und jeden kleinen Sieg zu feiern. Seit ich bei *Sony* in meiner Position als Director of PR bin, zwinge ich die Kolleg*innen in meinem Team regelrecht dazu zu reporten, was ihre monatlichen Highlights waren. Selbstpromo ist etwas, das ich lange Zeit für mich selbst verkackt habe. Sie sollen nicht vor ihren LinkedIn-Profilen sitzen und rätseln, was sie da reinschreiben sollen und ob dieses und jenes Projekt wohl groß genug ist, um es zu erwähnen oder ob die Leute deswegen denken könnten, sie seien angeberisch. Ich fördere bei meinen Kolleginnen hart, sich und ihre Erfolge nach vorn zu stellen. Vor allem Frauen – die Männer machen es eh. Die feiern sich schon immer, *no matter what*.

Ich beobachte häufig im Verhalten meiner Kolleginnen dieselben Patterns, in die ich selbst immer wieder zurückgefallen bin. Wie ehrgeizig sie sind und wie schnell sie Angst haben, zu scheitern. Ich kam nicht umhin, mich zu fragen: Haben sie sich das vielleicht bei mir abgeguckt? Das wollte ich nicht!

Meine Definition von Erfolg hat sich im Laufe meiner Karriere verändert. Zu sehen, wie die, die nach mir kommen, selbst Erfolge feiern und wachsen, ist für mich eine neue Form von Erfolg. Es schützt mich auch vor der eigenen Hybris. Ich bekomme keine Midlife-Crisis oder werde bitter, weil ich nicht mehr allein an der Spitze stehe und dort nicht mehr nur meine Fahne ins Gestein gerammt im Wind weht. Nein. Wir sind eine ganze Union und das Geräusch des Windes in den Fahnen der anderen macht mich glücklich und stolz. Ich habe deswegen auch mein Team komplett umstrukturiert, als ich meinen Posten bei *Sony* antrat. Zuvor war es so abgelaufen, dass jede*r Promoter*in sein oder ihr Thema im stillen Kämmerlein bearbeitet hat. Jede*r hatte ein Projekt, ein Album, einen Künstler oder eine Künstlerin für das oder den er oder sie verantwortlich war. Ich änderte das. Bei mir arbeiten alle Promoter*innen in einem Team gemeinsam an allen Projekten. Alles läuft im Tandem ab, damit keine Betriebsblindheit entstehen kann. Wenn du die ganze Zeit nur für dich selbst kämpfst, verlierst du oft den Überblick und gerätst an deine Grenzen, weil man einfach im Tunnel steckt. Ich finde es zielführender, die Stärken aller zu bündeln, so unterschiedlich sie sein mögen, um gemeinsam erfolgreich zu sein. Und wenn der Erfolg kommt, soll jeder und jede Einzelne dafür Lob kriegen und seinen und ihren Teil feiern. Als Mentorin achte ich darauf. Am Ende profitiert so nämlich jede*r – natürlich auch ich.

Kürzlich traf ich auf einem Branchenevent die Marketingchefin eines Labels. Sie erzählte mir, dass sie gerade im Austausch mit Esra sei, eine meiner jungen Kolleginnen bei

Sony. »Esra ist die Beste!«, attestierte ich ihr direkt begeistert, woraufhin die Marketingchefin meinte: »Na ja, wenn sie bei dir gelernt hat, ist sie auf jeden Fall die Beste.«

Wenn dein Name irgendwann ein Prädikat für Qualität ist, dann ist das nicht nur ein unglaubliches Kompliment, sondern auch sehr viel erfüllender, als allein irgendwo zu thronen. Der Erfolg meiner Protegés spiegelt mich wider. Also merkt euch: Erfolg ist keine Einbahnstraße. Erkenne diese Macht und nutze sie zum Guten – nur so kann Empowerment funktionieren. Der Erfolg deiner Peers und Kolleg*innen ist auch deiner, also supporte deine Mitmenschen und stelle alle nach vorn, die es verdienen. Es ist eine positive Energie, die du aussendest, und die, einmal rausgeschleudert, immer zurückkommen wird, manchmal sogar doppelt.

Dass es heute Frauen in Spots gibt, die früher sehr schwer zu erreichen waren, hängt mit dem zusammen, was Leute wie ich aufgebaut haben. Mit den Türen, die wir aufgestoßen haben. Aber es geht nicht darum, diese Plätze zu gatekeepen. Im Gegenteil. Ich will gar nicht die Zukunft sein. Dass Esra, eine Kosovo-Albanerin mit Hijab, heute in meinem Team Deutschrap rockt und ihren eigenen Weg geht – das ist die Zukunft, für die ich gearbeitet habe, und ich liebe das. Das ist wahrer Erfolg mit sechs Spuren, Verkehrskreisel und breitem Fahrradweg auf beiden Seiten, von dem wir am Ende alle profitieren.

So wichtig Mentorship für den Erfolg aller ist, so wichtig ist es auch, sich daran zu erinnern …

Lektion 17:

Du hast keinen Meister

»Power. Die 48 Gesetze der Macht« ist ein Buch von Robert Greene, das 1998 erstmals erschienen ist. Bis heute, 26 Jahre später, ist es nach wie vor in den Bestsellerlisten der Sachbuchwelt zu finden – keine Ahnung, in der wievielten Auflage. Es ist ein wuchtiges, großes Buch mit rotem Einband und goldenen Lettern auf dem Cover. Fast wie eine Bibel. Und als genau das wird das Buch auch von vielen angesehen. In »Power« beschreibt der ehemalige Hollywood-Drehbuchautor Greene anhand von Beispielen aus der Menschheitsgeschichte verschiedene Gesetze, die angeblich zur Erlangung oder Stärkung gesellschaftlichen Einflusses führen sollen. Eines der berühmtesten und häufig zitierten Gesetze in diesem Buch ist direkt das erste, das da lautet: »Stelle niemals deinen Meister in den Schatten«. In der Zusammenfassung besagt dieser Leitsatz Folgendes:

»Ihre Vorgesetzten müssen sich Ihnen immer überlegen fühlen können. Wenn Sie sie beeindrucken wollen, dürfen Sie Ihre eigenen Talente nicht zu sehr zur Schau stellen, sonst erreichen Sie das Gegenteil: Sie wecken Angst und

Unsicherheit. Sorgen Sie dafür, dass die da oben brillanter erscheinen als sie sind und Sie werden den Gipfel der Macht erklimmen.«*

Auch wenn ich verstehe, was Greene damit meint (denn es gibt durchaus Menschen, die sich von Talent und Ehrgeiz ihrer Untergebenen bedroht fühlen), halte ich diesen Ratschlag für Blödsinn. Generell lesen sich viele der Gesetze in »Power« wie eine Anleitung zum Arschloch-Sein. Gesetz Nummer sieben zum Beispiel, »Lass andere für dich arbeiten, doch streiche immer die Anerkennung dafür ein«, oder Gesetz Nummer 17, »Versetze andere in ständige Angst: Kultiviere die Aura der Unberechenbarkeit«. Hilfe! Da merkt man dann doch, dass dieses Buch aus einer anderen Zeit stammt, in der gewisse Verhaltensweisen am Arbeitsplatz (und auch anderswo) noch absolut in Ordnung zu sein schienen, über die wir heute zum Glück hinweg sind. 2024 ist es nicht mehr OK, wenn irgendwelche selbsternannten »Meister« Sekretärinnen in den Po kneifen oder ihre Mitarbeiter*innen, die in der Hierarchie unter ihnen stehen, buchstäblich unten halten und tyrannisieren. Sorry, aber diese Ratschläge sind nichts anderes als Mobbing. Also hört bitte nicht darauf. Weder im Berufsleben noch abseits davon. Wenn du eine*n Partner*in, Elternteil oder Freund*in haben solltest, der oder die sich einen Meisterstatus attestieren lässt und dich entsprechend einschränken will, dann lass dir gesagt sein: Du hast keinen Meister. Was du haben solltest, sind Leute, die dich empowern und supporten. Begleiter*innen. Freund*innen. Kol-

---

* Greene, Robert: Power: Die 48 Gesetze der Macht, aus dem Englischen von Hartmut Schickert und Birgit Brandau, Hanser 2013, S. 15.

leg*innen. Mentor*innen. Ich habe eine solche Person in Patrick Mushatsi-Kareba gefunden. Er ist all das für mich. Begleiter, Freund, Kollege, Chef, Mentor – aber er ist nicht mein Meister, und noch wichtiger: Er will es auch gar nicht sein.

Man erwartet von CEOs oder krassen Business-Persönlichkeiten in hohen Positionen eine gewisse Aura. Dass sie in einen Raum kommen und die Temperatur verändert sich. Es wird ein paar Grade kälter, ein scharfer Wind weht auf einmal durchs Büro und die Papiere auf den Schreibtischen wirbeln wie ein Schwarm weißer Tauben hoch in die Lüfte, bevor sie wie einzelne Federn langsam wieder gen Boden segeln, wo sie von den hektischen Mitarbeitenden mühsam aufgeklaubt und neu sortiert werden müssen. Man sagt über diese archetypischen Chefs, dass sie »den Raum ownen« mit Macht und Autorität, und viele denken, eine solche Ausstrahlung sei notwendig, um ernst genommen zu werden. Patrick ist der Beweis dafür, dass das Quatsch ist. Er ownt auf jeden Fall den Raum – aber nicht mit Arroganz, Entitlement und Ego, sondern mit Liebe, Sympathie und Charme. Patrick herrscht nicht mit Angst. Es gibt nicht diese Barriere zwischen ihm und seinen »Untergebenen«. Wenn ich ein Problem habe, dann weiß ich, dass ich ihn einfach anrufen kann. Patrick stellt nicht die Anforderung, der Meister von irgendwem zu sein oder irgendwen »gemacht« zu haben. Die Art und Weise, wie er ein Unternehmen führt und seine Mitarbeiter*innen leitet, ist, wie ich das auch tun möchte.

Er hat in dieser Hinsicht einen großen Einfluss auf meine Entwicklung gehabt. Anfangs war ich nämlich ganz anders. In meinem ersten Job in dieser Branche hatte ich es – wie ich ja schon erwähnt habe – mit einem extrem starken und kreativen Chef zu tun. Er hat in mir Dinge gesehen und mir eine Chance gegeben. Aber er hatte auch eine aus meiner Sicht cholerische Seite. Wenn er schlechte Laune hatte, ließ er die an seinem Umfeld aus. Er hatte eine Erwartungshaltung, die nicht immer erfüllt werden konnte. Es gab Zeiten, in denen es mir nicht gut dabei ging, mit ihm zu arbeiten. Gleichzeitig habe ich seine Verhaltensweisen regelrecht aufgesaugt. Ich wurde auch cholerisch, schrie Leute an, war hart und ließ meinen Aggressionen freien Lauf und wer damit nicht klarkam, tja, der war halt einfach zu schwach. Pech gehabt! Ich dachte, es sei ein Kompliment, wenn Leute mir beichteten, Angst vor mir zu haben. Ich verwechselte Angst mit Respekt. Ich glaube, viele Personen in hohen Positionen der Musikbranchen tun das. Es gefällt ihnen deswegen auch nicht, dass der Wind sich langsam dreht. Dass diese Art des Regierens auf immer weniger Zustimmung stößt. Denn niemand fürchtet seine Untergebenen so sehr wie ein Tyrann. Angst bringt dir keine Liebe, keine Loyalität und keine Gnade. Und der Tag der Rache wird irgendwann kommen. Das wissen sie.

Auch unter mir begannen Menschen zu leiden, die ich liebte. Conny zum Beispiel, was schließlich darin mündete, dass sie komplett aus der Musikindustrie ausstieg. Mein Partner trennte sich zwischenzeitlich von mir, weil ich ihn behandelte wie einen Untergebenen und meine Unsicherheiten und Ängste auf ihn übertrug. Als ich erkannte, was meine Tyrannei anrichtete, war das wie ein Aufwachen aus einem bösen Traum. Ich riss meine Augen auf und musste mit Bestürzung feststellen: *Scheiße, warte mal kurz, du bist ja wie dein Chef!* Er war mein Meister und der Lehrling (ich) hatte einfach kopiert, was ihm vorgelebt worden war.

Der erste Grund, warum diese Regel heißt »Du hast keinen Meister« ist: Es ist total wichtig, nicht wie jemand anderes werden zu wollen. Denn wenn du versuchst wie jemand anderes zu sein oder ihm nachzueifern, dann nimmst du auch die schlechten Dinge mit. Heute weiß ich dank Patrick, dass echter Respekt aus Achtung und Bewunderung entsteht, niemals aus Angst. Und diese Form des Respekts ist auch sehr viel langlebiger als der Respekt, der aus Angst entsteht.

Es dauerte lange, bis ich meine Einzigartigkeit erkennen und embracen konnte. Heute weiß ich: Niemand kann mein Meister sein, denn ich bin einzigartig. Nur wer das erkennt und zu schätzen weiß, nämlich die Individualität jedes einzelnen Menschen, kann selbst ein guter Mentor oder eine gute Mentorin sein. Mentor*in – nicht Meister! Ein*e Mentor*in gibt seinen oder ihren Schützlingen etwas mit, lässt sie aber gleichzeitig selbst machen und wachsen, ohne Trademark auf deren Erfolg. Das ist besonders wichtig. Denn das Wort »Meister« impliziert eine Grenze, über die du nicht hinauswachsen kannst. Ein Meister will nicht, dass du über ihn hinauswächst. Ein*e Mentor*in hingegen fördert, aber regiert nicht.

Ich hatte immer ein Autoritätsproblem. Das bedeutet nicht, dass ich keinen Respekt vor Menschen oder deren Leistung habe. Aber vor Positionen … Das ist so eine Sache. Ich denke nicht, nur weil sich jemand einen Meistertitel verleiht oder sogar verliehen bekommen hat, dass ich diese Person allein wegen ihrer Position respektieren muss. Egal welche Position du hast: Wenn die Leute um dich herum und auch unter dir shinen, dann strahlt das auch auf dich ab. Eine Position sollte nie für dich sprechen. Deine Ideen müssen das tun.

Bestimmt liegt die Wurzel dieses Autoritätsproblems in meiner Kindheit. Ich stamme aus einer Kultur, in der die Eltern immer recht haben. Im Russischen gibt es da ein Sprichwort: »Яйца курицу не учат«, was so viel bedeutet wie: »Die Eier sollten das Huhn nicht belehren wollen.« Als Kind hast du zu gehorchen, *no matter what*. Wenn du aber früh merkst, dass deine Eltern gar nicht in deinem Sinne handeln oder dich nicht schützen, dann fällt es schwer, gegen diese elterliche Autorität nicht zu rebellieren oder zumindest sie nicht zu hinterfragen. Ich hätte mir gewünscht, dass meine Eltern sich hinterfragt hätten, dass mein Verhalten auch ein Wake-up-Call für sie gewesen wäre und sie vielleicht festgestellt hätten, dass manchmal Eltern auch von ihren Kindern lernen können. Dass es eben auch umgekehrt geht. Dass sie nicht allwissend und alleinige Meister über die Familienwelt sind und dass es manchmal gerade diejenigen sind, die unter uns leiden, die uns die besten Lektionen lehren können.

Deswegen kann ich es nicht haben, wenn jemand einen auf autoritär macht. Keine*r entscheidet etwas für mich oder ist besser als ich. Das ist mir sehr wichtig und ein weiterer Grund, warum auch du auf Meister verzichten solltest.

Ebenso wenig bestimme ich über andere oder stelle mich über sie. Das ist eines der Prinzipien, das mich hat überleben lassen – privat und beruflich. Ich bin kein Minime von irgendwem und du solltest das auch nicht sein.

Ich lerne gerne Neues, gerade von jüngeren Menschen. Ich kenne da keine Hierarchien oder Werteskalen, von wegen, wessen Wissen mehr wert ist. Auch wenn ich mehr Erfahrung haben mag, schätze ich die Expertise eines Praktikanten oder einer Praktikantin genauso wie meine eigene. Es ist *seine* oder *ihre* Expertise, und die kann eine ganz eigene, neue Welt offenbaren, die mir niemals zugänglich gewesen wäre ohne die fremden Einblicke.

Ich hatte nie Angst, einen vermeintlichen Meister zu vergrätzen und wenn das dann doch der Fall war, dann ging ich erhobenen Hauptes und mit dem Wissen, dass es besser so ist. Auch wenn ich anecke und manchmal Dinge anders mache als andere, ist es *mein* Weg. Deswegen hatte ich auch oft den Mut, Bullshit outzucallen, wenn es sich andere nicht getraut haben.

In diesem Zuge müssen wir auch über Opportunismus sprechen. Wie geht man mit Opportunist*innen um, beruflich wie privat? Und ist Opportunismus zwangsläufig etwas Schlechtes?

Ich kann euch nicht sagen, wie viele Leute schon mein E-Mail-Postfach, meine WhatsApp-Chats oder Instagram-DMs geflutet haben, um Gefallen von mir einzufordern, die mich noch nie in meinem Leben auch nur mal gefragt haben, wie es mir eigentlich geht, geschweige denn mal etwas supported hätten, was mir geholfen hätte. Es gibt sehr viele Menschen, die sich ausschließlich melden, wenn sie etwas von dir brauchen und dann auch plötzlich scheiße nett sind. Aber dich von sich aus nach vorn stellen, dir Liebe geben, ohne Absicht, dass etwas für sie dabei rausspringen könnte? Fehlanzeige.

Ich habe im Laufe meines Lebens gelernt, nicht mehr gekränkt zu sein von solchem Verhalten, auch wenn ich zugeben muss, dass es mich hier und da noch enttäuscht und wütend macht. Diese Opportunist*innen handeln nicht im Sinne von »Erfolg ist keine Einbahnstraße«. Ihre Welt ist eine Röhre, durch die sie in einer Kapsel hindurch manövrieren, die sie von A nach B schießt, und in der nur sie allein Platz haben. Das Ding ist: Auch wenn ihre Welt sich absolut einspurig gestaltet und sich nur in eine Richtung bewegt, muss das nicht für dich und deinen Umgang mit ihnen gelten. Wichtig ist, dass du dir immer bewusst bist, womit du es zu tun hast. Begegne einem oder einer Opportunist*in immer deinerseits ebenso opportunistisch und ihr könnt beide profitieren. Aber begehe nicht den Fehler, dem oder der Opportunist*in einen Fingerbreit mehr zu geben als das, was du in return von ihm oder ihr erwarten kannst.

Es ist eine Haltung, die ich eigentlich nicht vertrete, denn ich pushe und supporte von Herzen gern. Auch wenn ich mich über dieselbe Energie freuen würde, fordere ich keine Liebe oder Loyalität ein, denn, wie gesagt: Auch ich bin niemandes Meister. Aber ein*e Opportunist*in wird sich immer als dein Meister verstehen. Als jemand, dem alles zusteht, was immer er oder sie von dir abernten kann. Sei also vorsichtig mit Opportunist*innen und pass bloß auf, dir keinen zum Meister zu machen, denn er wird dich niemals in deiner Individualität und Gänze respektieren und pushen.

Es gibt noch einen dritten Grund, warum man keinen Meister haben sollte. Den erläutere ich euch aber im nächsten Kapitel. Denn dieser Grund ist eine komplett eigene Regel für sich.

Lektion 18:

Du hast nie ausgelernt

Das Management für einen Artist zu übernehmen, ist eine wunderbare Aufgabe, aber eine Aufgabe voller Herausforderungen und Überraschungen. Verträge verhandeln, Angebote prüfen, unzählige Meetings mit Bookern, Labels, Produzent*innen, Assistent*innen, Brands – diesen Aspekt der Jobbeschreibung kann sich jede*r denken. Gratis-Konzerte, AAA-Pässe, aufregende Videodrehs, Backstagepartys und nicht zu vergessen *free stuff* – von diesem Teil träumen wahrscheinlich die meisten, wenn sie daran denken, Manager*in zu werden. Aber abends um 22 Uhr in seiner Küche zu stehen, wie ich es gerade tue, den Griff des Kühlschranks in panischer Umklammerung, während die andere Hand das Handy gegen die Wange presst, als befände man sich auf hoher See, und das Einzige, das einen vor den sich immer höher auftürmenden Wellen retten kann, ist dieses kleine Stück Treibholz in der Hand, aus dem die aufgebrachte Stimme deines Artists dringt – das ist der Teil, der meistens im Kleingedruckten oder in unsichtbarer Tinte in der Vereinbarung geschrieben steht, wenn man die Aufgabe übernimmt, einen Künstler oder eine Künstlerin zu managen.

»Ey, Manuel, langsam, ich versteh die Hälfte nicht«, ich schließe die Kühlschranktür mit einem Schwung meiner Hüfte und umgreife den Deckel des Drei-Liter-Eisbechers wie die Klaue einer dieser Spielzeugautomaten, nur dass ich meinen Schatz ganz bestimmt nicht in letzter Sekunde fallen lasse.

»Was ist denn genau passiert?« Ich klemme das Handy zwischen Kinn und Schulter und beginne in der Schublade nach einem Löffel zu kramen. Durch das Scheppern des Bestecks dringt die aufgebrachte Stimme von Manuellsen wie ein Eisbrecher, der sich durch die knirschenden und krachenden Schollen seinen Weg bahnt.

»Ich hab doch ein Recht mich zu verteidigen! Oder etwa nicht?«, schließt er irgendwann seine Zusammenfassung der Ereignisse ab. Die *BILD*-Zeitung hat mal wieder Scheiße über ihn geschrieben und Manuel being Manuel ist deswegen selbstverständlich aufgebracht.

»Natürlich hast du das!«, ich schließe die Schublade mit einem weiteren Schwung meiner Hüfte und lehne mich gegen den Counter.

»Hast du schon mal was vom Streisand-Effekt gehört?«

»Nein. Was das?«

»Wenn jemand versucht, eine Information zu unterdrücken oder zu korrigieren und dadurch überhaupt erst Aufmerksamkeit darauf lenkt.«

»Aha.«

»Das kommt von Barbara Streisand. Es gab da mal einen Fotografen, der die Küste Kaliforniens fotografiert hat, um deren Veränderung zu dokumentieren. Dabei hat der zufällig auch das Haus von Barbara Streisand fotografiert.

Wusste der aber gar nicht, dass die da wohnt. Jedenfalls hat sie ihn auf 50 Millionen US-Dollar Schadensersatz verklagt.«

»Çüş!«

»Das Ding war: Keiner wusste, wo ihr Haus ist, wie das aussieht und dass das auf diesen Fotos zu sehen war. Aber durch ihre Klage wurde das Ganze zu einem medialen Ding. Keinen hat dieses Foto gejuckt, bis sie deswegen ein Fass aufgemacht hat. Plötzlich war es überall im Internet.« Kurze Stille in der Leitung.

»Also denkst du, ich sollte live gehen?«

»Nein, Mann!«, ich schließe die Augen für einige Sekunden. »Was ich damit sagen will, ist: Geh auf *gar keinen Fall* live! Lass dich nicht von denen provozieren. Du machst es nur größer, wenn du darauf reagierst.« Gegrummel am anderen Ende der Leitung. »Der einzige Grund solcher Artikel ist, dass die genau diese Reaktion von dir wollen! Die wollen auf dich zeigen und sagen: ›Seht ihr? Der Typ ist aggressiv und crazy.‹«

»Okay. Na gut«, murmelt Manuel nach einer weiteren kurzen Pause.

»Manuel, hör mir zu. Ich weiß, das fällt dir schwer und du bist impulsiv. Aber gib denen nicht, was sie wollen. Die provozieren dich nur. Scheiß auf die!«

»Ja, OK.«

»OK?«

»Jaaaa, OK!« Er klingt jetzt tatsächlich ein wenig lockerer. Also beginne auch ich mich zu entspannen.

»Alles klar. Wir reden morgen noch mal, ja?«

»Ja, alles klar!«

»Hade ciao!« Ich lege auf. Puh. Krise abgewendet. Ich greife meinen Eisbecher, den ich zwischenzeitlich auf der Arbeitsfläche meiner Küche abgestellt hatte, wieder mit meiner Kralle und schlurfe die drei Meter, die zwischen meiner Küche und meinem Wohnzimmer liegen, mit einem guten Gefühl im Magen und der freudigen Erwartung, dass sich bald noch eine Ladung köstlicher Eiscreme dazumischen wird. Während ich mich auf mein Sofa plumpsen lasse, ertönt ein Benachrichtigungston auf meinem Telefon. Ich drehe den Deckel des Eiscremebechers ab und schiele aus den Augenwinkeln auf das Display, auf dem die Nachricht aufleuchtet: »Manuellsen ist live«. *Klonk!* Fuck. Der Eisbecher kullert über den Parkettboden. Hastig springe ich auf, bevor das Eis seine milchigen Schlieren auf dem dunklen Holz hinterlassen kann. Drei Meter. Genau drei Meter lang, von meiner Küche bis zum Sofa, hat der Frieden gewährt. Aber so ist Manuel nun mal. Ich schmunzele und schüttele gleichzeitig den Kopf, während ich den ersten Löffel Eiscreme in meinen Mund manövriere. Morgen ist auch noch ein Tag, an dem die Welt untergehen und ich mich darum kümmern kann.

Als ich begann, nicht nur als Promoterin zu arbeiten, sondern auch das Management für Artists zu übernehmen, hatte ich schon eine ziemlich realistische Erwartungshaltung, was meinen Aufgabenbereich als Managerin betraf. Capo war der Erste, der mich fragte, ob ich ihn managen wollte, und natürlich sagte ich sofort ja. Ich hatte mich lange schwergetan, diesen Schritt zu wagen, aber mit Capo wusste ich einfach, dass es passte. Das Vertrauen zwischen uns war so groß, dass mir kein einziger Grund einfiel, warum ich es nicht probieren sollte. Und der Fakt, dass Capo mir zutraute, auch Managerin sein zu können, dieser Vertrauensvorschuss gab mir das Selbstvertrauen, meine Komfortzone zu verlassen und etwas Neues zu wagen.

Ich hatte nie Angst davor, Neues zu lernen. Ich habe damals als Promoterin bei *PANORAMA3000* mit Guerilla-Marketing begonnen, als das Internet noch Neuland und Fan-Foren und Chat-Rooms der heiße Scheiß waren. Irgendwann kam YouTube dazu und kurz darauf erste Social Networks wie Myspace, studiVZ und später Facebook. Aber auch der »Hype« hielt nicht ewig an. Instagram eroberte die Medienwelt und ein paar Jahre später leitete TikTok die nächste Revolution ein. Die Podcastwelle brach auch irgendwann über Deutschland herein. Zeitgleich gab es immer auch die physischen Outlets. In meinen 20 Jahren als Promoterin hat es kaum Phasen des Stillstands gegeben. Wer nicht bereit war, dazuzulernen oder gar Angst vor Veränderung hatte, war in diesem Job nicht richtig. Und wäre es bis heute nicht. Mir war das ziemlich früh bewusst und ich hatte keine Angst. Es kam immer etwas Neues nach dem Untergang des Alten und ich habe mich stets ziemlich früh mit der schönen neuen Welt befasst. Ich habe Trends beobachtet und konnte rechtzeitig absehen, wo die Bewegung hinging. Es machte mir Spaß. Ich war neugierig und wissbegierig. Als die Printmedien begannen wegzusterben, machte mir das deswegen auch keine Angst. Als die Onlinemedien begannen wegzusterben ebenso wenig. Und auch als mir immer wieder prophezeit wurde: »Bald wird es keine Promoter mehr geben!«, wurde ich nicht panisch. Ich wusste, dass das die Angst derer war, die sich nicht verändern wollten. Die wollten, dass alles so bleibt wie es ist. Ich hatte eine andere Wahrnehmung vom Wandel. PR wurde mit jeder Revolution diverser. PR bedeutete noch nie, einfach nur mit Pressemenschen zu sprechen. Ich wusste das. Und deswegen hat mir die Zukunft auch nie Angst gemacht. Ich habe mich schon immer weiterentwickeln und anpassen müssen.

Deswegen habe ich auch irgendwann angefangen, Artist-Managements zu übernehmen. Erst Capo, dann Manuellsen und Sero und schließlich Zübi, die in einem ganz anderen Bereich, fernab der Musik, am Start ist. Ich wollte mich auch immer schon weiterentwickeln. Nicht des Geldes wegen, sondern, um meine Grenzen auszutesten. Das war und ist bis heute eine meiner Stärken. Ich liebe Storytelling. Weitere Formen auszukundschaften, wie man Storys spinnen kann, ist für mich aufregend und nicht abschreckend. Die Spielregeln mögen sich hier und da ändern, aber das Spiel bleibt am Ende das gleiche.

Ich mag diese Beweglichkeit, diese permanente Metamorphose, in der sich meine Branche befindet. Es lehrte mich eine wichtige Lektion, die sich nicht nur Promoter*innen zu Herzen nehmen sollten, sondern jeder Mensch: Du hast nie ausgelernt. Und das ist auch gut so.

Mit jeder neuen Herausforderung, die wir meistern, trauen wir uns mehr zu. Jedes Erfolgserlebnis, jedes Mal, wenn wir ein Hindernis überwinden, steigert sich unser Gefühl von Selbstwirksamkeit. Wir fühlen uns weniger den Umständen ausgeliefert. Klar, wir können unsere Herkunft, soziale Klasse oder Geschlechterrolle niemals ganz abstreifen. Wer jedoch eine hohe Selbstwirksamkeit verspürt, fühlt sich weniger limitiert durch diese gefühlt unverrückbaren Pfeiler unserer Existenz. Es überzeugt einen davon, eine Aufgabe erfolgreich bewältigen zu können, weil man gut ist – es hat ja schließlich schon mal geklappt! Wenn man an seine eigene Kraft glaubt, an sein Talent, seinen Wert, ist man motiviert, sich weiterzuentwickeln und seine Fähigkeiten auszubauen. Und man hat keine Angst vorm Wandel. Ja wirklich: Personen mit einem hohen Selbstwirksamkeitsgefühl neigen dazu, sich Schwierigkeiten zu stellen, ohne dabei direkt Panikattacken zu kriegen. Denn Selbstwirksamkeit sagt uns: *You got this!*

Ich hatte immer den Wunsch, keinen Stempel aufgedrückt zu bekommen. Dass jemand anderes darüber entscheiden könnte, wo ich stattfinden durfte und wo nicht, widerstrebte mir zutiefst. Was ich sein konnte und was nicht. Ich hatte oft das Gefühl, dass die Industrie mir nicht mehr zutraute als PR; nicht mehr als Deutschrap. Ich hatte immer Sorge, eindimensional betrachtet, auf nur eines meiner Attribute reduziert zu werden. Frau. Jüdisch. Arm. Assi. Rap. Oft genug war das auch so. Wie oft ich zu Panels eingeladen wurde, in denen Antisemitismus im Rap besprochen werden sollte. Oder die Frauenrolle im Rap. Zu Panels aber, wo es um meine Expertise hinsichtlich der Vermarktung gegangen wäre oder zum Beispiel um die Geschichte und Bedeutung von Straßenrap – zu solchen Panels wurde ich eher selten eingeladen. Ich hasste das.

Als ich zu *Sony* kam, war meine »Ghetto-Vergangenheit« meine größte Sorge. Ich betrat das Glasgebäude in Berlin-Schöneberg mit der Einstellung: *OK, here we go, da wird die Hiphop-Schublade aufgemacht und ich soll mich da schön reinlegen. Die werden mich niemals ernst nehmen! Wie soll das klappen?*

Als Head of PR war ich nun nicht mehr nur für Hiphop-Labels wie Epic zuständig, sondern auch für die Schlager-, Pop- oder Indie-Labels und alle deren Artists. Wie würde ich zum Beispiel beweisen können, dass ich auch Schlager arbeiten kann?

Ich hatte immer die Befürchtung, meine Vergangenheit könne durch die Ritzen meiner Gegenwart sickern wie brackiges Wasser und alles mit Schimmel überziehen. Aber das war *meine* Macke. Nach wenigen Meetings mit den jeweiligen Label-Chefs wurde mir klar, dass sie meine Art zu Denken wertschätzten. Wie ich in Kampagnen dachte, out of the box die Geschichten der Artists erzählen wollte, ohne dabei den roten Faden aus den Augen zu verlieren. Sie sahen mein Talent und nicht meine Vergangenheit (für die ich mich übrigens keinesfalls schäme, falls das hier jemand denken sollte. Ich wollte nur nicht darauf reduziert werden). Abermals wurde ich darin bestätigt, dass es etwas Gutes gewesen war, ans neue Ufer zu schwimmen.

Die Lektion »Du hast nie ausgelernt« ist nicht nur wichtig, um des eigenen Wachstums willen, sondern auch für das deines Umfelds. Die ewig Gestrigen ruinieren nämlich auch das Jetzt für die anderen. Wer denkt, alles zu wissen und sich nicht mehr weiterentwickeln zu müssen und von der

Welt erwartet, dass sie ihm oder ihr etwas schuldig ist, der oder die wird ziemlich bald recht einsam sein.

Die Wurzel von Hatertum ist Angst. Um kein alter Hater zu werden, sollte man unbedingt immer mit jüngeren Generationen abhängen und offen für Neues sein. Es ist wichtig zu akzeptieren, dass du nicht für immer die Nummer eins sein kannst. Immer, wenn sich etwas verändert und etwas Neues dazukommt: Tausch dich aus! Ich tausche mich jeden Tag mit den jüngeren Kolleg*innen in meiner Firma aus, weil ich inzwischen keine Ahnung mehr habe, was cool ist. Ich liebe zum Beispiel K-Pop, aber ich bin einfach nicht in der Community und wüsste nicht, wie ich diesen Bereich am besten abbilden könnte. Das Altbewährte und das Neue sollten im besten Fall einen Tanz miteinander aufführen, bei dem niemandem auf die Füße getreten wird. Man befruchtet sich gegenseitig.

Irgendwann werde ich die Musikindustrie hinter mir lassen und mich komplett anderen Ufern zuwenden. Es wird kein schwerer Abschied werden – hoffe ich. Ich habe das Leben im Musikbusiness gelebt und dann kommt eben etwas Neues. *Don't cry for me, Argentina.* Was war, war und was kommt, ist das, worauf ich mich konzentrieren werde. So war das schon immer.

Ich habe im Laufe meiner Karriere schon viele Positionen in der Musikindustrie besetzt: Promoterin, Managerin, Therapeutin, Fahrerin, Mediatorin, Moderatorin, Redakteurin, Souffleuse, good guy, bad guy – aber eines will und werde ich nie sein: ein Hater. Und deswegen muss man lernen, wann es Zeit ist zu gehen und den Jungen, der Zukunft, den Platz freizumachen. Das bedeutet nämlich auch Stärke. Zu wissen, wann es Zeit ist, einen neuen Weg einzuschlagen. Und darum geht es auch in unserem vorletzten Kapitel.

Lektion 19:

Die Wahrheit über Stärke

Irgendwie hatte ich mir diesen Ort anders vorgestellt. Ich dachte, bei einem Anger-Management-Kurs würde man in einer Turnhalle oder so einem Gemeindezentrum im Stuhlkreis hocken, wie bei diesen AA-Meetings in Filmen. Neonlicht, Linoleumboden, auf einem Sperrholztisch am Rand steht ein Tablett mit Schnittchen, auf denen sich der Käse an den Seiten schon langsam verhärtet und nach oben wölbt. In der Mitte des Stuhlkreises liegt ein großer Schaumstoffhammer, mit dem man bei Bedarf auf einen Dummy eindreschen darf, und in der Luft liegt eine Mischung aus Angst, Scham und Aftershave. So in etwa hatte ich mir das vorgestellt. Stattdessen sitze ich aber in Berlin-Mitte in einer mit natürlichem Licht durchfluteten Praxis und stiere auf dieses Kugelpendel-Dingsda auf dem Schreibtisch vor mir, wie es in rhythmischen Bewegungen hin und her schwingt. *Tak, tak. Tak, tak.* Die Tür schwingt auf und herein kommt ein Mann Anfang 30. Kurzhaarschnitt, blond, freundliches Gesicht – typischer Alman halt. Polohemd aus T-Shirt-Stoff, ungebügelt, Lacoste-Sneaker, keine Socken. Er setzt sich mir gegenüber an seinen Schreibtisch und holt ein Notizbuch hervor, das er zwischen sich, dem Pendel und mir ausbreitet und mich rotbackig angrinst. Ich kann weit und breit keinen Schaumstoffhammer ausfindig machen.

»Frau Buzunashvilli, wie schön, dass Sie es hier in die Praxis geschafft haben. Ich bin der Marcel. Wie geht es Ihnen heute?«

»Gut. Du kannst Marina zu mir sagen«, murmele ich. Mein Blick huscht wieder zu dem Pendel auf dem Tisch. *Tak, tak.*

»Alles klar, Marina. Ich würde gerne unsere erste Sitzung mit einigen allgemeinen Fragen starten, bevor wir tiefer in die Materie eintauchen. Ist das in Ordnung für dich?«

»Klar …« *Tak, tak.*

»Wunderbar«. Zusätzlich zum Klackern des Pendels lässt Marcel seinen Kugelschreiber einige Male klicken, bevor seine Fragen auf mich einprasseln. *Wie alt bist du? Wie lebst du? Wie sind deine Familienverhältnisse? Bist du in einer Beziehung? Was machst du beruflich?* Fragen über Fragen. Ich beantworte alle ruhig, wenn auch ein bisschen einsilbig. Bei der letzten Frage verkrampft sich aber mein Kiefer. *Wie hoch ist dein Stress?* Ich überspiele die Muskelkontraktion direkt mit einem Zucken der Mundwinkel, der Versuch eines schiefen Lächelns. »Na ja, ich habe schon Stress. Sonst wäre ich ja nicht hier, wa?« Marcel klickt mit seinem Kugelschreiber. *Klick, klick.*

»Ist dein Stresslevel in der Regel gleichbleibend? Kannst du einschätzen, wie hoch es in Ausnahmesituationen ist?« Auch wenn Marcel freundlich fragt, merke ich, wie mein Puls sich langsam beschleunigt. Eine Unruhe breitet sich in mir aus wie Nebel, der langsam aus den feuchten Grashalmen einer Frühlingswiese im Morgengrauen aufsteigt. Er nimmt mir mehr und mehr die Sicht. Dieses verdammte Klicken und Klackern. *Tak, tak. Tak, tak. Klick, klick.* Wie soll ich das alles erklären? Mein Stresslevel … Ausnahmesituationen … Ha! Mein ganzes Leben ist eine einzige Ausnahmesituation! *Tak, tak.*

»Lass dir ruhig Zeit«, Marcel legt seinen Kugelschreiber auf dem Notizbuch ab und faltet seine Hände mit einem trockenen Geräusch. Die Seite des Notizbuchs ist bereits zur Hälfte mit fahrig hingekritzelten blauen Buchstaben übersät, als hätte sie jemand aus einem Glas über dem Papier ausgeschüttet.

»Ich weiß gar nicht, wo ich anfangen soll …« Ich atme hörbar aus.

»Wo immer Sie wollen«, sagt Marcel, greift wieder hastig zu seinem Kugelschreiber und lässt ihn klicken.

»*Du willst.*«

»Entschuldige. Vielleicht fängst du bei deiner Familie an.«

Ich atme noch einmal langsam und hörbar aus. Der Kugelschreiber macht *Klick.*

»Also, meine Schwester ist drogensüchtig und deswegen auch körperlich sehr krank. Meine Mutter ist verrückt und suizidgefährdet und mein Vater ist verstorben. Ich muss die ganze Zeit Geld verdienen, weil die beiden nicht klarkommen. Außerdem hat meine Mutter schon alles für uns geopfert und ich fühle mich konstant schuldig deswegen, gleichzeitig hege ich großen Groll gegen sie. In meinem Job will ständig jemand was von mir und ich habe panische Angst, nicht die Beste zu sein. Und kannst du bitte dieses verdammte Pendel anhalten, weil, sonst dreh ich hier noch durch?!« Marcel schmunzelt und stoppt mit einer fließenden Handbewegung die rechte Stahlkugel vor dem nächsten Aufprall. Stille.

»Na, das ist doch schon mal eine ganze Menge, was einen wütend machen kann.« Ich nicke. »Klingt nach einer Menge komplizierter Gefühle.« Ich nicke wieder. Der Nebel in mir verflüchtigt sich langsam.

»Was hat dich dazu bewogen, diese Praxis aufzusuchen?« Marcel schließt jetzt sein Notizbuch und guckt mir direkt in die Augen.

»Mein Freund hat sich von mir getrennt, weil ich dabei war, ihn Stück für Stück zu einem kleinen Würfel zu zermalmen, wie eine Schrottpresse, und wenn ich mich nicht ändere, wird dasselbe mit mir passieren. Das in etwa hat er zu mir gesagt.«

»Und findest du, er hat recht damit?« Mein Kiefer und meine Hände, die ich in meinem Schoß zu Fäusten geballt habe, entspannen sich langsam. Statt Wut und Unruhe schwillt nun Traurigkeit in mir an. Langsam, Zentimeter für Zentimeter, steigt sie in mir auf wie eben noch der Nebel der Unruhe. Ich atme wieder laut und langsam aus.

»Ja …«

Am Ende meiner ersten Anger-Management-Sitzung schlug Marcel vor, sechs Sitzungen zu absolvieren, um herauszufinden, wo die Quelle meiner Aggressionen liegt, in welchen Momenten mich die Wut besonders überkommt und wie ich solche Momente in Zukunft besser handlen kann. Kein Schaumstoffhammer, keine Schnittchen, kein

Judgement. Auch wenn ich am Anfang skeptisch gewesen war, wuchs mit jeder Sitzung meine Zuversicht. Ich hatte in meinem Leben schon einige Therapien angefangen, aber viele wieder abgebrochen. Mir gefiel die Distanz der Therapeut*innen häufig nicht. Wie sie einem nie direkt in die Augen sahen und man sich wie eine von vielen Patientinnen vorkam, die nur eine weitere Kartei im Aktenschrank ist.

Bei meiner ersten Therapie war ich neun Jahr alt. Der Kinderarzt hatte meine Mutter gebeten, mich zu einer Jugendtherapeutin zu schicken. Ich weigerte mich zu essen, zog mich zurück und was besonders auffällig war: Ich zwängte mich immer in die kleinsten Ecken und Spalten, die ich ausfindig machen konnte. Wenn irgendwo ein winziger Vorsprung war, eine Lücke, ein Loch, fand ich einen Weg, mich dort hineinzuzwängen, um in der Umarmung der Enge zur Ruhe zu kommen. Der Arzt hatte vermutlich absolut recht damit, dass dieses Verhalten auffällig war und untersucht werden musste. Aber ich war zu dem Zeitpunkt viel zu verängstigt, um mich der Therapeutin zu öffnen und die Hilfe annehmen zu können, die man versuchte mir zukommen zu lassen.

Später begann ich immer wieder Therapien, manche brachte ich zu Ende, manche brach ich ab. Ich versuchte meine Essstörung therapeutisch anzugehen, aber das war nicht wirklich hilfreich. Später begann ich eine Verhaltenstherapie wegen meiner Angststörungen, auf die eine Traumatherapie folgte. Praxen wie die von Marcel waren mir also nicht fremd. Was jedoch neu war: Bei ihm machte ich die Erfahrung, wirklich praktische Tipps zu bekommen, wie ich aktiv mein Verhalten ändern konnte. Und die hatte ich bitter nötig.

Ja, ich hatte eine Menge komplizierter Gefühle. So kompliziert, dass mein Kopf sich irgendwann eines herauspickte, das stellvertretend für all die anderen sprechen sollte: Wut. Wut war über die Jahre meine Art geworden, meine Gefühle zu kanalisieren und Druck rauszulassen, und ich hatte das irgendwann auch noch zu etwas Gutem erhoben. Ich dachte, ich sei ein Badass, weil ich so geil hart und wütend war und niemand an mich rankam. Dass es schließlich so weit hatte kommen müssen, dass die Liebe meines Lebens mit mir Schluss machte, bis ich etwas daran ändern würde, war schlimm. Aber ich bin bis heute froh, dass er es getan hat. Denn nur so konnte ich meinen destruktiven Begriff von »Stärke« langsam, aber sicher zu einer gesünderen Version updaten. Ich werde ihm für dieses schmerzhafte Gespräch für immer dankbar sein. Denn ich war wirklich keine gute Freundin für ihn gewesen. Meine Haltung als Bossin war Stück für Stück durch die Ritzen der Festung unserer Beziehung gesickert und hatte das Mauerwerk porös gemacht. Ich behandelte ihn wie ein Projekt, das ich managen musste, und wenn da etwas nicht so lief wie ich wollte, rastete ich aus. Und zwar so richtig. Er konnte nicht anders, als irgendwann die Notbremse zu ziehen und unter Tränen mit mir Schluss zu machen. »Ich liebe dich. Aber ich kann das einfach nicht mehr aushalten. Ich *kann* nicht mehr.«

Bevor ich begann, tatsächlich an mir zu arbeiten, zog ich erst mal alle Register des »Wie krieg ich ihn zurück in 10 Tagen«-Prinzips. Eifersüchtig machen, ignorieren, anflehen – aber er blieb hart. Und da realisierte ich es erst: Ich war im Begriff, den Menschen zu verlieren, der mit mir durch dick und dünn gegangen war; der mit mir meine Schwester und meine Mutter beerdigt hatte; der buchstäblich der letzte Mensch war, den ich noch hatte – nur weil ich nicht bereit war, meinen Scheiß in mir drinnen zu klären. Und da begann ich zu begreifen, dass mein Konstrukt von Stärke in sich zusammenfallen musste, um etwas Neues, Gesundes entstehen lassen zu können. Denn sonst würde ich nicht nur meinen Partner, Dariusch, verlieren, sondern eventuell auch mein Leben.

Der psychische Druck, den ich mir machte und den ich dachte, aushalten zu müssen, weil das wahre Stärke sei, führte nämlich auch dazu, dass ich immer wieder schwere körperliche Leiden entwickelte. Ich erinnere mich noch, wie ich eines Morgens aufwachte und meine linke Gesichtshälfte schmerzte, als ob ich auf einem Nagelkissen geschlafen hätte wie ein Fakir. Ich merkte zwar, dass das nicht normal war, aber ich hatte wichtige Dinge zu erledigen. Ich musste ins Büro! Ich hatte für *PANORAMA3000* eine Band zu betreuen und ein wichtiges Meeting noch dazu. Also schmiss ich eine Schmerztablette ein, wie ich es so oft tat, und machte mich auf den Weg in den Prenzlauer Berg. Als ich durch die Tür unseres Büros eilte, starrte mich einer meiner Kollegen mit Glubschaugen an.

»Ähhh, Marina, ist alles OK mit dir???«

»Was laberst du?«, blaffte ich zurück und verschwand direkt auf Toilette, um nachzugucken, was ihn so schockiert hatte. Nach einem Blick in den Spiegel wusste ich, was er meinte: Mein Gesicht war schief! Die komplette linke Hälfte hing herab. Kennt ihr diese Bilder von Dalí mit den zerfließenden Uhren? So sah ich aus. Da begann sich dann doch ein mulmiges Gefühl in mir auszubreiten. Ich fischte mein Telefon aus der Tasche, wobei ich bemerkte, dass es mir auch immer schwerer fiel, meinen Arm zu heben. Irgendetwas stimmte hier gewaltig nicht. Ich wählte die Nummer meiner Mutter, um ihr davon zu erzählen, und die schrie mich direkt an, dass ich sofort nach Hause kommen solle. Ich weigerte mich anfänglich noch, aber schließlich gab ich doch nach und ließ mich sogar dazu bewegen, ins Krankenhaus zu gehen – wenngleich unter Protest. Dort wurde festgestellt, dass ich gerade einen Schlaganfall erlitten hatte. Ich wurde medikamentös behandelt, durfte aber erst mal nach Hause, unter der Prämisse, dass ich wirklich im Bett bliebe – was ich ein paar Wochen mehr schlecht als recht auch tatsächlich durchzog.

Es dauerte ungefähr ein halbes Jahr, bis ich körperlich wirklich wieder voll recovered war. Aber das sorgte nicht dafür, dass ich etwas an meinem Lifestyle änderte, mit der Ausnahme, dass ich ab diesem Zeitpunkt gar keinen Alkohol mehr trank und nie wieder feiern ging.

Auf den Schlaganfall folgten in den Jahren darauf mehrere stumme Herzinfarkte – oder war das sogar davor? Ich habe meine Gesundheit dermaßen mit Füßen getreten, dass ich nicht mal genau sagen kann, wann welche medizinische Bombe in mein Leben gekracht ist. Trotzdem habe ich nichts an meinem Verhalten geändert. Ich versuchte stattdessen, den behandelnden Ärzten unter Tränen zu verstehen zu geben, dass ich keine Zeit hätte, im Krankenhaus rumzueiern. Einmal, als ich mal wieder im Krankenhaus landete, redete ich auf den Doktor ein, meiner Mutter einfach zu erzählen, es sei alles weniger schlimm als es war, damit die mich in Ruhe lassen würde. Damals betreute ich gerade eine Band namens Panik, was zu einem kuriosen Missverständnis führte, da ich während unseres Gesprächs immer wieder was von »Panik« stammelte und der Arzt dachte, ich hätte eine Panikattacke und müsste eingewiesen werden. Dabei wollte ich nichts anderes, als zurück zu Panik zu gehen und meinen Job zu machen.

Ich rauchte weiter wie ein Schlot, arbeitete 80 Stunden die Woche und feierte meinen Modus auch noch als Stärke ab. Ich war es so gewohnt, die Zähne buchstäblich zusammenzubeißen und durchzuhalten, »stark« zu sein, dass mein Kiefer an beiden Seiten anbrach und ich irgendwann operiert werden musste. Das kam nur raus, weil ich im Zuge eines Zahnarzttermins geröntgt werden musste wegen häufiger Kopf- und Zahnschmerzen. Ich bin monatelang mit einem gebrochenen Kiefer durch die Gegend marschiert und habe es nicht einmal gemerkt! Weil ich dachte, ich sei stark, wenn ich bloß niemals nach Hilfe frage, immer alles wegstecke und, wenn jemand mir zu nahekam, denjenigen wegbiss. »Wer schwach ist und rumheult, wird erschossen!« Das war ja mein Go-to-Satz. Bis Dariusch eben nach sieben Jahren Terrormodus mit mir Schluss machte und ich endlich begann zu begreifen, dass meine vermeintliche Stärke dabei war, mich umzubringen. Dass meine vermeintliche Stärke dabei war, die Person, die mich wirklich stärkte, die immer da war, die mein größter Fan und mein größter Kritiker war, zu zerstören. Wenn das Stärke sein soll, dann wollte ich sie nicht mehr haben!

Ich hatte es aber eben auch nie anders gelernt. Schlaganfälle und Suchtkrankheiten liegen in unserer Familie, aber das ist nur ein Teil der Wahrheit, warum ich ess- und angstgestört wurde und mich konstant übernahm. Meine Mutter erlitt in meiner Kindheit auch einen Schlaganfall. Ich erinnere mich, wie sie für drei Wochen auf Kur geschickt wurde und sich mit Zähnen und Klauen dagegen gewehrt hat. Schließlich erklärte sie uns Kindern unter Tränen, sie würde bald wiederkommen. Meine Mutter ging auf Kur. Aber sie haute mehrfach die Woche ab, um zu uns nach Hause zu kommen und zu kochen, weil sie wusste, dass mein Vater uns nicht versorgen konnte. Oder sie dachte das zumindest. Ich erinnere mich, wie ihr Mund auf halb acht hing, sie aber in der Küche mit Töpfen und Pfannen jonglierte, damit wir nicht drei Wochen am Stück Döner essen würden. Und mein Vater ließ sie auch noch machen! Hätte ja auch mal jemand sagen können: »Hör auf damit! Du übernimmst dich. Kümmere dich erst mal um dich.« Aber solche Sätze gab es bei uns nicht. Genauso wenig wie den Satz, »Ich kann nicht«.

Dafür aber ein Wort. Es gab ein Wort, ein Geräusch vielmehr, das bei uns zu Hause omnipräsent war: »Suss!« Es ist das einzige Wort, an das ich mich erinnere, wenn ich daran denke, wie mich mein Vater getröstet hat, wenn ich weinte. Er legte sich einen Finger an die Lippen und sprach das Wort: »Suss!« – Sei leise! Wein nicht! Es wurde nie gefragt: »Warum weinst du?« Es gab keine Fragen bei meinen Eltern. Nur ein Wort: Suss!

Auch meine Schwester brachte mir ihre ganz eigenen Lektionen zum Thema Stärke bei. Als ich ihr mal unter Tränen erzählte, dass ein Junge in meiner Klasse mich immer wegschubste, wenn wir unsere Hausaufgabenhefte vorn am Lehrerpult vorzeigen sollten, dass er mich beleidigte und die schlimmste Dinge über mich sagte, kniete Irina sich vor mich hin und sagte: »Marina, das nächste Mal, wenn er hinter dir steht und sich wieder vordrängeln will oder etwas Freches zu dir sagt, dann boxt du ihm ins Gesicht!« Sie zeigte mir, wie man die Faust richtig drehte und aus der Schulter heraus die Kraft für den Schlag sammelte, nicht aus dem Arm. Und das habe ich dann auch getan. Das nächste Mal, als sich sein Körper gegen meinen drückte, drehte ich mich um und boxte ihn so fest ich konnte mitten ins Gesicht. Und es fühlte sich gut an. In dem Moment zumindest. Er hat danach tatsächlich seine Fresse gehalten und ich hatte einen Punkt gesetzt: Nur weil ich klein war, durfte niemand auf mir rumhacken! Dass ich die Gewalt, die ich erfuhr, einfach weitergab, genau wie meine Schwester, wenn sie auf den Straßen von Kreuzberg andere Kids zusammenschlug und deren Handys oder Jacken abzog –, das checkte ich nicht. Dass das auch eigentlich gar keine Stärke war, ebenso wenig.

Es ist nun mal leider eine universelle Wahrheit: Wir werden alle irgendwann wie unsere Mütter und Väter, wir *sind* unsere Familie. Es ist wohl unvermeidbar. Aber wir haben die Pflicht, daran zu arbeiten und diese Mechanismen zu bekämpfen oder zumindest abzuschwächen.

»Ich kann nicht«, »Ich schaffe das nicht«, »Ich möchte nicht«, sind Sätze, die man so oder so ähnlich, auf jeden Fall in ihrer Aussage, normalerweise mit drei Jahren beginnt zu formulieren. Ich lernte sie erst mit Mitte 30. Es sind Sätze, die mir nicht meine Eltern beibrachten, sondern Dariusch, Coaches wie Marcel und später Franzi und gute Freund*innen. Ich musste erst mal ein richtiges Verhältnis zu mir selbst aufbauen – denn das hatte ich nicht. Ich hatte keine Verbindung zu mir selbst. Die hatte ich gekappt in dem Trugschluss, das sei stark. Ich lernte langsam, dass wahre Stärke nicht heißt, keinen zu brauchen und alles allein durchziehen und aushalten zu können, sondern einem Support-System zu vertrauen, das einen auffängt, wenn es einem mies geht und dass man diese Hilfe auch annehmen kann, um besser zu werden.

Als Dariusch und ich uns vor zwölf Jahren kennenlernten, wussten wir beide noch nicht, wer wir waren. Aber eine Qualität, die ihn von Anfang an ausmachte, war, dass er immer seine Gefühle zeigte. Dieser Mann sagt mir achtmal am Tag, dass er mich liebt. Auch jetzt, zwölf Jahre und eine schmerzvolle Trennung mittendrin später. Er zeigt mir, dass Gefühle nicht gefährlich sind, sondern menschlich. Er lehrte mich Vertrauen und dass jene, die mich wirklich lieben, mich nicht verlassen werden beim ersten Anzeichen von Schwäche.

Als ich begann bei *Sony* zu arbeiten, gab es auch einen Moment, in dem mir klar wurde, dass ich damit anfangen musste, zu kommunizieren und meine Mauern fallen zu lassen. Am Anfang saß das Label noch in München, bis es schließlich nach Berlin umzog. Ich musste also gleich zu Beginn meiner Anstellung häufig nach München pendeln und war dort sehr allein. Ich war die Neue in einer fremden Stadt, in der ich niemanden kannte (und die es einem auch nicht gerade leicht macht, Anschluss zu finden), und in einem neuen Job, der mir eine Heidenangst einjagte. Ich fühlte mich sehr einsam und weinte mich nicht selten in den Schlaf.

Irgendwann gab es diesen einen Moment, wo ich meinen Responder an den Sensor am Firmeneingang hielt, um in das Gebäude hineinzukommen. Ich betrachtete das Plastikding an meinem Schlüsselbund. Eben war ich noch *Die Marina* gewesen und jetzt war ich eine Chipkarte. An diesem Abend sprach ich mit Dariusch über all die Ängste und Tränen, die mich in München heimsuchten, und siehe da: Es wurde besser. Stark sein heißt nicht, allein etwas zu schaffen. Stark sein heißt auch, um Hilfe bitten zu können. Seine Muster zu erkennen und zu lernen, daraus auszubrechen. Stärke ist, sich abgrenzen zu lernen. Von den eigenen Unsicherheiten und auch von denen der anderen. Stärke ist, zu wissen, wann es Zeit ist zu gehen und sich nicht den Shit der anderen aufzuladen, der nichts mit dir zu tun hat. Stärke ist, für sich einzustehen, auch wenn es peinlich oder unangenehm ist. Für sich zu sprechen, statt zu erwarten, dass jede*r checkt, was abgeht. Denn wer nicht für sich spricht, für den sprechen andere – und das häufig nicht unbedingt gut. Oder halt niemand.

Ich werde nicht von heute auf morgen ein perfekter Mensch. Erst in diesem Jahr bekam ich in meinem Jahresgespräch wieder das Feedback: »Laut werden ist keine Lösung.« Ich erlebe immer noch Momente, in denen ich in meine alten Muster verfalle. In denen ich ungeduldig bin, meine Aggressionen und Ängste mich übermannen, in denen ich getriggert werde und Menschen um mich herum die Leidtragenden von meinem Shit werden. Aber heute weiß ich, dass der Fakt, dass ich das nicht mehr von mir wegschiebe und die anderen nicht mehr für Luschen erkläre, um so der Inneneinsicht zu entgehen, ein Anfang ist. Und diese Erkenntnis führt uns direkt zum letzten Kapitel meiner Geschichte. Meiner letzten Erkenntnis, meiner letzten Regel, wie ihr euch dieses anstrengende, aufreibende, aber eben auch wunderschöne Ding *called life* vielleicht ein bisschen angenehmer gestalten könnt.

Lektion 20:

Manchmal ist wirklich der Weg das Ziel

»Auf gar keinen Fall mache ich das!« Ich schüttele den Kopf so schnell, dass man förmlich mein Gehirn gegen die Wände meiner Schädeldecke klatschen hören kann. Mir wird ein bisschen schwindelig, also höre ich damit auf und nehme einen Schluck aus meiner Tasse. Der Kaffee ist eiskalt.

»Weißt du, Marina, du hast halt einen viel direkteren Draht zu den Artists. Wenn wir die anfragen, dauert es vielleicht länger. Oder sie sagen ganz ab.« Die Stimme meines Lektors klingt verständnisvoll, aber ich bin in Alarmbereitschaft. Normalerweise habe ich überhaupt kein Problem damit, Anfragen an meine Artists – aktuelle oder frühere – zu schicken und Gefallen einzufordern. Aber wenn es um mich geht? Hölle, nein! Lieber schieße ich mir mit einer Schrotflinte ins Gesicht.

»Brauchen wir diese Quotes denn unbedingt?«, ich schütte den kalten Kaffee in die Spüle und beobachte, wie die milchigen Überreste im Abfluss verschwinden. »Ich mein – meinst du wirklich, wir verkaufen ein Buch mehr, nur weil da ein Zitat hinten drauf gedruckt ist?«

»Äh, ja …?«, schallt es nüchtern aus meinem Telefon. Ich schlucke. Meine Zunge betastet die Innenseite meines Mundes. Kennt ihr dieses Gefühl, das nur Kaffee im Mund hinterlässt? Als hätte er ein feines Netz aus Seide über die Schleimhäute gelegt. Bei jedem Schluck dringt der Speichel durch die zarten Maschen des Netzes und lässt einen die Rückstände der längst im Strudel des Rachens verschwundenen Flüssigkeit noch mal nachschmecken. Wie ein Echo des Geschmacks. Für mich beginnt sich dieses seidene Netz aber immer mehr wie ein Knebel anzufühlen. Ich schlucke noch mal.

»Flo, ich bin ehrlich: Mir wäre das wirklich viel, viel lieber, wenn ihr die anfragen würdet. Ich gebe euch alle Mail-Adressen und Telefonnummern, aber ich komme einfach seelisch nicht damit klar, wenn eine Absage kommen würde.«

»Wieso sollten die dir absagen, Marina?«

»Keine Ahnung, Mann!« Ich versuche es mit einem entschärfenden Lachen. »Aber FALLS es passieren sollte, will ich einfach nichts davon wissen. OK?« Florian seufzt am anderen Ende der Leitung auf, willigt jedoch schließlich ein.

»Aber wenn dann die ganzen Lobhudeleien eintrudeln, darf ich dir ›Ich hab's dir gesagt!‹ ins Gesicht schreien, ja?«

Ich lache auf, aber füge dann in scharfem Ton hinzu: »Hörma! Mir schreit NIEMAND ins Gesicht, ja?«

Als wir einige Wochen später in München die paar Meter zwischen Verlag und Restaurant zurücklegen, in dem wir unseren eben besiegelten Buchdeal feiern wollen, sind die Straßen nicht mehr gefroren. Einer der ersten wärmeren Tage des Jahres ist angebrochen. Ich blicke auf den Boden, der so unwahrscheinlich viel sauberer ist als die Straßen von Berlin, während ich Florians Worten lausche, wie er laut vorliest: »Marina hat viel mehr für Hiphop in Deutschland getan als jede und jeder eurer Rapperinnen und Rapper. Und tougher als die ist sie auch. Rate, von wem das kam?« Flo blickt von seinem Handy auf und guckt mich grinsend von der Seite an.

»Keine Ahnung … Moses Pelham?«

»Ja!! Ey, du bist gut!« Flo dreht sich erneut seinem leuchtenden Handybildschirm zu. »OK, der Nächste kommt von Patrick Mushatsi-Kareba: ›Marinas Biografie ist genauso von Widrigkeiten geprägt, wie vom Wieder-Aufstehen und hat eine inspirierende Schönheit, die …‹«, er stockt. »Hey, ist alles OK?« Ich halte meinen Blick weiter starr auf den Boden geheftet, als sei er doch noch gefroren und die Tränen, die aus meinen Augen auf ihn fallen, hätten sie am Asphalt festgeklebt.

»Es ist alles OK«, stammele ich. »Es ist nur so heftig, das zu hören. Also, dass die das echt über mich denken … Das ist einfach bizarr. Das alles ist bizarr!« Ich bleibe stehen und löse meinen Blick vom Grau des Asphalts, hebe ihn in den gelben Schein der Laternen, die eben angegangen sind. »Irgendwie realisiere ich das alles gerade erst so richtig. Also, so alles alles. Checkst du, was ich meine?« Flo blickt mich irritiert an und nickt dann langsam. Ich weiß nicht, ob er es wirklich versteht. Verstehen kann. Aber in diesem Moment sehe ich mich zum ersten Mal so richtig selbst. Und es ist ein überwältigendes, schmerzhaftes und gleichzeitig wunderschönes Gefühl.

Als ich 2019 meine Firma *Die Marina* und mit ihr meine Selbstständigkeit als Promoterin aufgegeben habe und zu *Sony* ging, ließ ich die letzten 15 Jahre plus Deutschrap hinter mir zurück mit dem Gefühl, keinen Impact gehabt zu haben. Ich habe das vorher schon mal erwähnt. Auch wie ich danach erst verstanden habe, wie viele Karrieren ich auf ganz unterschiedliche Art und Weise geprägt habe und wie schockiert die Leute waren, dass es keine *Die Marina* mehr geben würde. Die Ratlosigkeit, was nach mir kommen sollte. Ich meinte das wirklich nicht kokett. Ich schwöre, das war und ist keine »*Fishing for compliments*«-Situation. Ich war aufrichtig überrascht, weil ich mich einfach selbst nie so wahrgenommen habe. Wer sich selbst nicht liebt, kann auch keine Liebe annehmen, und das traf einhundert Prozent auf mich zu.

Als die Zitate für mein Buch und später die Reaktionen auf die Ankündigung dieses Buches kamen, fühlte sich das ähnlich für mich an. Ich war baff. Meine DMs in den Socials explodierten, mein WhatsApp-Icon zierte eine zweistellige rote Zahl, die Kommentare unter dem Foto, das ich gepostet hatte, waren gespickt mit Herzen, praying hands und Feuer-Emojis. Ich hatte mir so einen Kopf gemacht, wie lächerlich das wirken könnte, was die Leute wohl über mein Buchcover sagen mögen oder dass alle die Neuigkeit vielleicht auch einfach nur ignorieren würden. Aber *I guess*, ich habe doch irgendwie Impact gehabt. Ich war gut. Ich wurde gesehen und geschätzt, und es zu hören und mit eigenen Augen zu sehen, machte es endlich greifbar für mich. Oder zumindest greifbarer als vorher. Das war ein unbeschreiblich schönes Gefühl. Aber zu all der Süße dieses Gefühlscocktails in mir mischte sich auch eine Bitterkeit. Mir dämmerte, wie viel ich verpasst hatte. Warum habe ich diese Liebe und Wertschätzung nicht genießen können, als sie passierte? Warum bin ich Jahrzehnte durch die Gegend geeiert und konnte nie wahrnehmen, was um mich herum geschah? Konnte nicht aufnehmen, dass ich geschätzt wurde? Denn sie war immer da gewesen, die Wertschätzung. Die Liebe. Es muss so gewesen sein! Aber irgendwie hatte ich meine Augen immer woanders gehabt.

Ich habe das Gefühl, ich sollte dieses letzte Kapitel, diese letzte Lektion, mit einem positiven Ausblick abschließen. Denn jede*r wünscht sich doch insgeheim ein Happy End. Einen Hoffnungsschimmer. Ein kleines süßes Dessert, dass das ganze schwere Festmahl abrundet und uns mit einem Lächeln auf dem Gesicht ins Foodkoma schickt. Aber ich will ehrlich mit euch sein: Es wird noch mal kurz ein bisschen heavy. Die Wahrheit ist nämlich, dass ich auch heute noch häufig das Gefühl habe, gescheitert zu sein. Noch nicht das Ziel erreicht zu haben.

Wenn man die Bossin in mir fragt, ob sie gescheitert ist, würde die natürlich das Kinn in die Höhe recken und schnauben: »Was für gescheitert?! Guck ma, wo ich bin!!!« Aber das ist eben nur ein Teil von mir. Fakt ist: Ich will morgens einfach einmal aufwachen und sagen: »Ich bin zufrieden.« Es spüren. Mir das Licht der Sonne und des noch ungenutzten Potenzials des Tages ins Gesicht scheinen lassen und Bock auf den Tag und mich selbst haben. Einfach mal schauen, was kommt, und dem Ungewissen lachend ins Gesicht blicken. Aber Tatsache ist: Ich habe es mit 42 Jahren noch nicht geschafft, zufrieden zu sein. Nicht, weil ich nach mehr strebe, sondern weil ich mich nicht mag. Weil ich Angst habe, stehen zu bleiben. Weil sogar, wenn ich einschlafe, mein System weiterrennt. Immer weiter, schneller, höher, weiter. Beruflich hat mich und andere diese Rastlosigkeit vorangebracht. Weil ich immer den Extra-Step gegangen bin und mein Kopf nie stillstand. Und weil ich diese Passion habe, die mich nicht ruhen ließ.

Aber darunter, unter der Bossin, die alles hinkriegt und regelt, ist ein gebrochener Mensch. Früher hätte ich das nicht zugegeben. Weil mir schon klar war, dass das nicht gesund ist, und das sollten die Leute ja bloß nicht mitkriegen! Aber hier will ich ehrlich mit euch sein. Ich hätte nicht gedacht, dass ich in meinem Alter noch strugglen würde. Aber ich tue es. Als ob Struggle ein Verfallsdatum hätte! Ich verleugne es jedoch nicht mehr, und ich beginne immer mehr zu verstehen, warum das so ist und wie ich es besser machen kann. Ich verstehe, dass der hohe Anspruch, den ich an mich selbst stelle, unfair mir gegenüber ist. Denn er bremst meine Siege aus.

Also ja, meine schlimmste Sorge, zu scheitern nämlich, hat sich irgendwie bestätigt. Ich bin nicht der Mensch geworden, der ich sein wollte: ein zufriedener. Vielleicht ist das die Challenge, die ich im Leben noch meistern muss: dass das für mich OK sein wird. Dass es OK sein wird, nicht die Person geworden zu sein, die ich mit 14 dachte zu sein, wenn ich 42 bin. Ich hoffe deswegen so sehr, dass die Jüngeren, die nach mir kommen, lernen, stolz auf sich zu sein und jeden kleinen Sieg zu feiern. Auch wenn nicht jede ihrer Ideen umgesetzt wird. Auch wenn nicht jede Single

Gold geht. Denn mit jedem Schritt gestalten wir eine Kultur, die andere mitreißt, die den Leuten etwas gibt und glücklich macht. Selbst wenn nicht jeder Schritt wie DER große Schritt anmutet. Es braucht auch die kleinen, um die großen meistern zu können.

Und da sind wir beim Kern dieser letzten Lektion angekommen: Manchmal ist wirklich der Weg das Ziel. Wer den Weg nicht feiern und genießen kann, wird am Ziel enttäuscht werden. Denn der Moment, wenn man die Ziellinie übertritt, das Papierband die Haut berührt, zerreißt und die Füße das Siegertreppchen erklimmen, dieser Moment ist allzu schnell verflogen. Wer all sein Glück auf einen kleinen Moment aufbaut und all die wunderschönen Momente dazwischen nicht wahrnehmen kann, verpasst nicht nur sein halbes Leben, sondern auch sich selbst. Macht mir nicht diesen Fehler nach! Ich habe meine kompletten 20er- und 30er-Jahre verpasst, weil ich nur mit dem nächsten großen Ziel, dem nächsten großen Step beschäftigt war. Es ging auch teilweise nicht anders. Ich trug mehr Verantwortung als die meisten Menschen in diesem Alter. Aber ich bin nicht gesund damit umgegangen. Ich habe streckenweise auf die falschen Pferde gesetzt, die falschen Götter angebetet, die falschen Prioritäten gesetzt – nennt es, wie ihr wollt. Es dauerte 20 Jahre, das zu begreifen. Eine lange Zeit.

Apropos »Zeit«: Wenn es um Ziele geht, spielt Zeit für viele eine große Rolle, die zu dem Unglück beiträgt, sich an Zielen und wann man diese zu erreichen hat, festzukrallen. Eine Vision vom eigenen Leben zu haben und was man darin erreichen möchte, ist gut. Seine Ziele klar zu definieren und zu verfolgen, ist sogar toll! Aber wenn ihr euch an Timelines kettet, als wären sie ein Baum im Hambacher Forst, werdet ihr euch selbst absägen. Es ist in den meisten Fällen eine Anleitung zum Unglücksein, sich ins eigene Fleisch einzuritzen, welches Ziel zu genau welchem Zeitpunkt erreicht werden muss. Wie soll man denn so die Reise genießen können?

Ich nahm mir damals mit 14 Jahren bei *Pizza Hut* vor, eine große Nummer in der Musikindustrie zu werden, und irgendwie bin ich das auch geworden. Aber ich habe mir dabei keine Ultimaten gesetzt à la: »Mit 30 muss ich Inhaberin meiner eigenen Agentur sein und drei Kinder und fünf Häuser haben.« Ich habe viele toxische Verhaltensweise im Laufe meines Lebens auf meinem Konto verbucht, aber das war tatsächlich keine davon. Bei mir ging es meistens buchstäblich ums nackte Überleben, weswegen ich schlicht keinen Kopf für irgendwelche Timelines hatte. Ich habe mir mehr Gedanken darüber gemacht, ob meine Mutter noch leben wird, wenn ich 30 bin, als darüber, welche Stufe in der Hierarchieebene ich bis dahin erklommen haben muss. Zum Glück! Denn bestimmt wäre ich enttäuscht gewesen.

Ziele sind cool. Aber lasst sie nicht euer Leben diktieren, weil – *I know*, große Erkenntnis! –, das Leben ist fucking kurz. Ich habe so viel davon verpasst, weil ich nur meine vermeintlichen Ziele im Kopf hatte und dabei vergessen habe, mein Leben zu leben. Genießt die Zeit dazwischen und lasst euch nicht einreden, dass man mit 30 oder sonst wann schon alles erreicht haben muss: Traumjob, Traumhaus, Traummann. Träume sind am Schönsten, während man drinsteckt, und nicht in dem Moment, wo man aufwacht und alles passiert ist und man einen Haken dahinter setzen kann.

Vieles im Leben ist eine Frage der Perspektive. Ich weiß, das ist eine weitere triviale Erkenntnis, aber es ist wichtig, sich das immer wieder ins Gedächtnis zu rufen. Ein Beispiel: Stell dir vor, du fährst die Straße entlang, hast es eilig und plötzlich platzt dein Reifen. Rechts ranfahren, Warndreieck aufstellen, Ersatzreifen aus dem Kofferraum hieven – der ganze Bullshit kommt jetzt auf dich zu und es fucked ab. Natürlich! Es gibt aber zwei Arten, mit der Situation umzugehen: Man kann sauer sein, sich ärgern und darüber grübeln: *Warum passiert eigentlich ausgerechnet immer mir so eine Scheiße?!* Oder man kann sich ärgern und dann den geplatzten Reifen als einen Umstand betrachten, den man nun mal nicht ändern kann und der einen vielleicht sogar vor etwas Größerem bewahrt hat. Vielleicht wäre ein schlimmer Unfall passiert, wenn der Reifen später geplatzt wäre. Vielleicht solltest du nicht pünktlich an deinem Ziel ankommen, weil du einen Menschen getroffen hättest, der dir geschadet hätte. Oder du hättest etwas getan, was du später bereut hättest. Am Ende des Tages ist ein platter Reifen ein platter Reifen und nicht alles ist eine göttliche Intervention oder ein Zeichen. Was ich aber anhand dieses Beispiels sagen will, ist: Die Blessings und Erfolge und genauso die Hardships und Herausforderungen in deinem Leben nehmen nicht unbedingt zu oder geschehen früher, weil du sie manifestierst. Du kannst nicht alles beeinflussen. Aber deine Laune, deine Attitude schon. Manche Dinge sind scheiße und unfair und nervig. Aber die Perspektive, aus der du auf diese Dinge blickst und wie du deine Realität wahrnimmst, die liegt tatsächlich bei dir, und das kann häufig eine Menge verändern!

Ich bin definitiv kein Delulu-Girlie. Wer sich fragt, was das sein soll: Auf TikTok gibt es diesen Riesentrend, in dem der »Delulu-Lifestyle« propagiert wird, um glücklich zu werden. »Delulu« leitet sich von dem englischen Wort *delusional* ab, was so viel bedeutet wie »wahnhaft« oder »verrückt«. Wer delulu ist, der oder die macht sich die Welt so, wie sie ihm oder ihr gefällt. Bedeutet: Alles wird extrem romantisiert und so geplant, wie man es gerne hätte, ob die Szenarien dabei realistisch sind oder nicht, ist egal. Darum geht es sogar eigentlich bei diesem Trend: sich über nichts Sorgen zu machen und das Gefühl zu haben, als könne man alles zu seinen Gunsten beeinflussen, denn dann wird es auch so passieren. Früher nannte man das *self-fulfilling prophecy*.

Ich glaube nicht, dass man mit einem einfachen Gedankenmuster oder Manifestationen alles in seinem Leben lenken oder verändern kann. Aber einige Dinge kann man verbessern, indem man besser versteht, wer man ist und sich einfach dazu entscheidet, dass man wertvoll und sympathisch ist und deswegen Gutes verdient und nicht alles schlecht sein muss.

Auch wenn ich also bei Gott kein Delulu-Girlie bin, stelle ich fest, dass gewisse Dinge und Ziele, die ich im Laufe meiner Karriere erreicht habe, irgendwie eine gewisse »Delulu-Haltung« vorausgesetzt haben. Dass ich vieles einfach gemacht und durchgezogen habe. Dass ich mich vieles getraut habe, war und ist nach wie vor ein bisschen delulu.

Aber am Ende wurde es meine Realität. Ich denke, ein bisschen delulu zu sein, kann also hier und da wirklich nicht schaden.

Mein ganzes Leben lang wollten mich Menschen auf bestimmte Attribute reduzieren. Du bist eine Frau, also kannst du kein Badass sein. Du bist jüdisch, als musst du reich sein. Du bist ein Ghettokind, also kannst du kein Schlager arbeiten. Du machst PR, also kannst du nur mit Presse arbeiten.

Ich werde nicht bis zum Rest meines Lebens Public Relations Director sein. Nein. Ich will nicht begrenzt werden. Vielleicht werde ich irgendwann Marketing-Chefin. Mein Talent, Storys zu erzählen und zu vermitteln, beschränkt sich nicht nur auf Öffentlichkeitsarbeit. Vielleicht werde ich True-Crime-Podcasterin. Vielleicht wandere ich nach Portugal aus und werde Surflehrerin. Vielleicht … Aber statt immer nur mit Tunnelblick das nächste Ziel zu fixieren, sollte ich (und ihr) öfter mal zurückblicken und reflektieren, wo man eigentlich herkommt und was für einen Weg man schon zurückgelegt hat.

Ich komme aus dem Nichts. Ich wusste als Kind häufig nicht, ob wir diesen Monat die Miete würden bezahlen können, obwohl meine Mutter immer hart gearbeitet hat. Guck, wie viele Jobs sie machen musste! Dass ich heute mein Geld mit etwas verdiene, das ich liebe, dieser Weg, den ich gegangen bin, trotz all der Hindernisse und Misstrauen gegenüber dem, was ich sein kann oder nicht sein kann – DAS ist das Ziel. Und vielleicht ist das zum Schluss doch in gewisser Weise ein Happy End – so ein bisschen zumindest. Ich habe erkannt, dass ich der Price bin. *Ich* bin das Ziel. Und ab jetzt müssen einige Dinge anders laufen, damit ich das nicht wieder vergesse. Denn genau so, wie ich nicht von anderen limitiert werden will, darf man sich auch nicht selbst limitieren und sich einreden, was man sein könne und was nicht. Hört nicht auf die Lügen, die ihr euch selbst über euch erzählt! Manchmal sind die nämlich die schlimmsten. Denn ihr seid mehr als das. Ich bin mehr als das! Mehr als eine Frau. Mehr als Arbeiterklasse. Mehr als die Tochter meiner Eltern. Mehr als meine Herkunft oder die Religion meiner Familie. Mehr als PR, mehr als Deutschrap, mehr als ein Ghettokind. Ich bin zwar all das – aber noch viel mehr. Ich bin DIE Marina.

Danksagung

MAMA, PAPA und IRINA, ich liebe und vermisse euch jeden Tag.

DANKE Mama, dass Du mir immer gesagt hast, dass Du mich liebst. Danke, dass Du mir sogar nachts Griesbrei gekocht hast, wenn ich Hunger hatte, und mir Schokobecher beim Eisladen gekauft hast, wenn ich traurig war.

DANKE Papa, dass Du mir beigebracht hast, ehrlich und stark zu sein. Ich hoffe, dass Du stolz auf mich bist. Von Dir habe ich gelernt, mir zu nehmen, was ich will.

DANKE Dariusch, dass Du mich liebst. Danke, dass Du mich nie vorverurteilst und mich immer unterstützt. Und danke, dass meine Mama weiß, dass ich in guten Händen bin. Ich liebe Dich auf ewig.

DANKE Conny, ohne Dich wäre nichts von dem hier möglich gewesen und mit Dir habe ich unsere erste Firma gegründet. Diese Zeit beschreibe ich bis heute so: »Ich durfte mit meiner besten Freundin jeden Tag in einem Büro sitzen und unserer Leidenschaft nachgehen und Menschen haben uns dafür sogar bezahlt. Zwei junge Frauen mit wenig Selbstbewusstsein, einer Kreditkarte, einem Hang zum Shoppen und zur Zuckersucht. Beste Zeit meines Lebens.«

DANKE an die Penguin Random House Verlagsgruppe, an Florian Fischer und an Nina Sternburg für die Chance, meine Geschichte in diesem Buch runterzuschreiben. Und danke an Nora Gantenbrink, ohne die das gar nicht passiert wäre.

DANKE Yousef Hammoudah und Patrick Mushatsi-Kareba. Danke für Euren Glauben an mich. Ich werde Euch immer dankbar sein.

DANKE an meine Beauty-Queen und Partnerin in Crime Zübeyde Kücük <3 Danke, dass ich durch Dich auch mich noch mal neu erfinden durfte.

DANKE an all die wundervollen Artists und Artistcamps, die an mich und meine Ideen geglaubt haben, dir mir vertraut haben und mir bis heute vertrauen. Besonders auch DANKE an all die Rap-Künstlercamps, mit denen ich gemeinsam die Musikwelt aufmischen durfte. Um es in Sidos Worten zu sagen: »Das ist Hiphop, Motherfucker, so sind wir.«

DANKE an alle Artistcamps, Kolleg*innen und Wegbeglei- ter*innen, die mich inspiriert haben und die zu Freund*innen und Familie wurden. Danke, dass wir gemeinsam für unsere Visionen einstehen.

DANKE an die Artists, die mich zum Weinen gebracht haben mit ihren Quotes für dieses Buch: Vanessa, Elif, Moses, Oliver, Marvin, Savas. DANKE.

DANKE auch an alle, die mir Schmerz zugefügt haben. *You made me stronger, bitches!*

Und an alle meine Underdogs. Ich bin stolz auf Euch. Und denkt daran: Ihr seid meine Löwen <3
Und ich sag es in Vanessa Mais Worten:
»Mit jedem Schritt wirst du heller schein'n, wird alles gut
Hör auf dein Löwenherz, hör auf dein Löwenherz
Mit jedem Schritt wirst du stärker sein, du hast den Mut
Da schlägt ein Löwenherz, da schlägt ein Löwenherz.«

Esra, Julia, Polly, Sophia, Christian und David. Jeder Artist, der mit Euch arbeiten darf, kann sich glücklich schätzen. *You are my everyday Heros!*

Und ein paar letzte Worte:
Nicht jede*r von uns ist gesegnet mit einer tollen Familie oder den besten Verhältnissen zu Hause. Ich habe meine Familie beerdigen müssen, aber ich habe den besten Mann und die besten Freund*innen der Welt und das gibt mir jeden Tag Kraft, weiterzumachen. Und während ich das hier schreibe, merke ich, wie viele ihr seid und wie stolz mich das macht. Also noch mal:

DANKE Dariusch, Conny, Shana, Polly, David, Zübi, Esra, Kaete, Negar, Julia, Naggi, Nora, Nora G., Kübra, Rooz, Aria, Capo, Sero, Nina, Manu, Marvin, Jalil, Dominik, Yvonne, *just to name the tip of the iceberg* <3

Mama, du kannst also beruhigt sein. Ich bin nicht allein.
я люблю тебя maja mamitschka <3